KAMPENWAND
VERLAG

ISBN: 978-3947738168

Raiffeisenstr. 4 · D-83377 Vachendorf
www.kampenwand-verlag.de

Versand & Vertrieb durch Nova MD GmbH
www.novamd.de · bestellung@novamd.de · +49 (0) 861 166 17 27

Text: Oliver Ribbert
Lektorat: Textwerkstatt Anne Paulsen
Bilder: javarman / Shutterstock . Illus_man / Shutterstock
Druck: FINIDR, s.r.o. - Lípová 1965 . 737 01 Český Těšín . Česká republika

OLIVER RIBBERT

EIN IMPULSGEBER

EINE INSPIRIRENDE REISE IN DEIN INNERES

DIE WURZELN DEINES GEISTES

ERINNERE DICH

ICHBINVERBUNDEN

INHALT

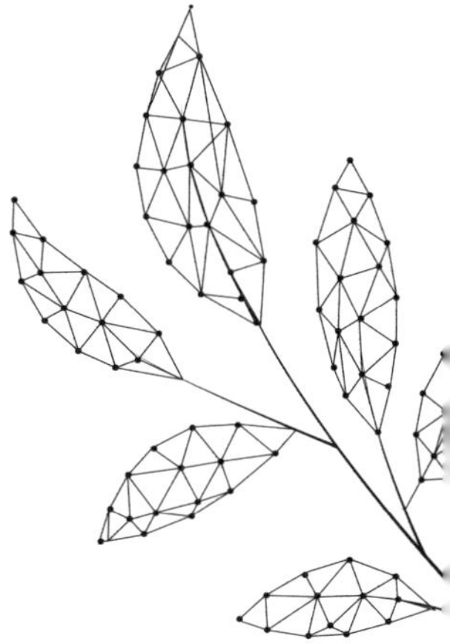

EINFÜHRUNG

In diesem Buch erwarten dich 30 Kapitel mit geballtem Wissen über meine Reise zum Kern meines Selbst.

Mein Wissen, meine Wahrheiten. Man kann auch von meinen Weisheiten sprechen, denn die folgenden Kapitel behandeln Themen, die mich beschäftigt haben und die einen jahrelangen Prozess der Veränderung angestoßen haben, aus dem ich gestärkt hervorgegangen bin.

Als ich am Anfang meiner Reise zu meinem Selbst stand, fühlte ich mich oft orientierungs- und hilflos. Ich suchte zwar Hilfe in Büchern und Foren, bat Freunde um Rat, dennoch glich meine Suche immer der nach einer Nadel im Heuhaufen.

„Wo fange ich an, was sind meine Themen? Ich bin gerade maßlos überfordert!"

Wenn man in einer Negativspirale gefangen ist, wenn der Sog des eigenen Befindens einen weiter nach unten zieht, bleibt meist nicht die Kraft, ein ganzes Buch zu lesen. Da die meisten Bücher, die sich mit solch komplexen Themen wie der Reise zum Selbst befassen, für mich anfangs schwer zu verstehen waren, war es mir wichtig, in meinem ersten Buch genau dies zu vermeiden. Essenziell war für mich, dass ich eine klare und deutliche Sprache verwende, als würde man mit einem Freund sprechen, der einem das Leben erklärt. Damals hätte ich mir eben jemanden an meiner Seite gewünscht, der mir sagt: „Hey, hier und genau da darfst du hinschauen."

In meinem Buch befasse ich mich mit einer verständlichen und dennoch tiefgreifenden Philosophie. Ich rege deinen Geist an und lade ihn ein, neue Erkenntnisse über sich zu gewinnen, sich dadurch zu hinterfragen, um daraus wichtige Schlüsse ziehen zu können.

Die folgenden Kapitel enthalten nicht nur jeweils ein Thema, sondern auch das komplette Erfahrungspaket, das mich auf meinen Weg brachte.

Ich gebe dir einen Einblick in die Themen, die mich in den letzten sechs Jahren beschäftigt haben. Sie sind kurz und knackig beschrieben, damit sie den größtmöglichen Effekt erzielen. Denn wenn du Bücher liest, vergisst du das Meiste. Vieles kannst du gar nicht umsetzen, da das Bewusstsein dafür noch nicht vorhanden oder der

Geist nicht bereit ist. Beim Lesen wirst du nämlich mit Informationen überschwemmt.
Deshalb empfiehlt es sich, dieses Buch nicht auf einen Schlag zu lesen. Am besten, du nimmst dir bewusst Zeit und liest ein bis zwei Kapitel pro Tag. So liest du das Geschriebene mit deinem Herzen und öffnest dich der Energie, die die Worte transportieren. Wenn du dich entscheidest, die Informationen bewusst aufzunehmen, können die Worte ihre Wirkung ganz anders entfalten, als wenn du das Geschriebene überfliegst.
Es ist egal, in welcher Phase deines Lebens du gerade bist: Es ist nie zu spät, es ist nie vergebens, etwas an dir zu ändern, oder, besser gesagt, den Blick, mit dem du die Welt und dich wahrnimmst, zu transformieren. Alter, Herkunft, Umstände und deine Situation spielen dabei keine Rolle.
Manche meiner Ansichten, die dich in diesem Buch erwarten, mögen vielleicht anfangs verstörend, nicht nachvollziehbar oder fremdartig auf dich wirken. Ich möchte dich bitten, deine Emotionen, die beim Lesen in dir entstehen könnten, erst einmal sacken zu lassen, damit dir nicht durch eine Kurzschlussreaktion positive und einschneidende Impulse verwehrt bleiben. Am Ende darf beziehungsweise sollte sowieso jeder, das, was auf in einwirkt, mit seiner inneren Wahr-

heit abgleichen. Übernehme nichts blind, hinterfrage, ob es für dich stimmig ist!
Ich wünsche dir eine inspirierende Reise, und ich bedanke mich, dass ich ein Teil davon sein darf.

ICHBINVERBUNDEN

DIE WURZELN DEINES GEISTES
ERINNERE DICH
VON OLIVER RIBBERT

Mein Name ist Oliver Ribbert, ich wurde am 18. Oktober 1991 geboren und wuchs in der Nähe Münchens auf.

Meine Person nimmt für mich im Spiel des Lebens keine allzu große Rolle mehr ein. Meine Bestimmung, so wie ich sie für mich erkannt habe und lebe, liegt in meinem Wirken. Auf sie möchte ich den Fokus lenken.

Nach einigen beschwerlichen Lebensphasen, die von körperlicher und geistiger Erschöpfung gekennzeichnet waren, entschied ich mich, mein Leben wieder in die Hand zu nehmen.

Aus dieser Entscheidung heraus reiste ich in mein Inneres. Von dieser Reise leitet sich meine heuti-

ge Arbeit ab: Ich lade Menschen, die im Leben ähnliche Erfahrungen wie ich gesammelt haben, ein, ebenfalls auf eine solche Reise zu gehen.
Der Ursprung von „ichbinverbunden“ und meiner Arbeit als Autor, die mit dem Namen verbunden ist, liegt in der Leichtigkeit, die mich irgendwann wieder durchströmte, und in dem Sinn, den ich irgendwann wieder sah.
Mich von meinem damaligen Leid zu befreien, war ein langer und steiniger Prozess, mich darin weiterzuentwickeln wird wohl immer ein Teil meines Lebens sein.
Aus meiner heutigen Perspektive weiß ich, dass der führende Geist, der du bist, alles zu heilen vermag; er kann sich selbst aus seinem Schmerzgefängnis befreien. Aus diesem Wissen heraus ist es mir ein Anliegen, meine Geschichte und meine Erkenntnisse in Wort und Schrift mit euch zu teilen.
Der führende Geist ist dein höheres, vollkommenes Ich, ein Ich, das bewusst Entscheidungen trifft. Solange wir nicht die Führung übernehmen, sind wir mit unserem konditionierten Ich, dem Ego, identifiziert. Wir können also entweder bewusste Entscheidungen treffen oder lediglich reagieren (Ego) – entweder sind wir Schöpfer oder Opfer.

Ich bin dankbar, über meine Arbeit wirken zu dürfen und als Impulsgeber in gebrochenen Herzen wieder einen Funken zu entfachen.
In jedem Wort schaut ihr in den Spiegel meiner Seele und ihr findet jene Erfahrungen, die als Teil des Puzzles, das mein Leben damals war, in mir nun zu einem Bild verschmolzen sind.
In diesem Buch möchte ich dich an meiner Reise teilhaben lassen. Ich bin weder vollständig erwacht oder erleuchtet, ich bin weder Guru noch spiritueller Coach. Ich habe meine Erfahrungen gemacht, und die Liebe zum Schreiben ermöglicht es mir, dir meine Erfahrungen darzulegen.
Jeder von uns kann seinen ursprünglichen Glanz wiederentdecken, doch niemand außer dir selbst kann die Reise dorthin antreten. Ich kann sie nicht für dich übernehmen. Die kommenden Kapitel dienen lediglich der Inspiration, sie triggern dein Unterbewusstsein, bewegen dich zur Reflexion und liefern dir Denkanstöße.
Sei dir bewusst, dass in meinem Erfahrungspaket eine geballte Ladung Veränderungspotenzial auf dich wartet – wenn du dich deinen inneren Prozessen stellst und bereit bist, an dir zu wachsen.
Vom Opfer zum Schöpfer deiner Realität.

„ICH MÖCHTE DICH GERN DARAN ERINNERN, DASS UNGLAUBLICHE KRÄFTE IN DIR SCHLUMMERN UND DU DICH SELBST AUS JEDEM SCHMERZGEFÄNGNIS BEFREIEN KANNST – JEDERZEIT."

Kapitel
01

ENTFESSLE DEINE KRAFT

Wer war nicht bereits an diesem Punkt in seinem Leben: „Ich hab kein Bock mehr auf den ganzen Scheiß. Mich nervt alles, es ist so unnatürlich, hier zu sein, für was renn ich eigentlich in die Arbeit. Immer wieder werde ich verlassen, keiner liebt mich wirklich, ist doch immer dasselbe. Immer nur Deppen, die mir weh tun, dabei bin ich doch so ein liebevoller Mensch. Ein Fremder auf diesem Planeten. Ich kann nicht mehr!"
Es geht schon wieder los, ich sitze in meinem Zimmer auf dem Stuhl, alles wiegt schwer, dann wird es bedeutungslos. Wut und Hass erfüllen mich, aber auch Trauer, weil niemand da ist, der mich festhält. Meine Gedanken kreisen, ich versetze mich bewusst in den Zustand des absoluten Schmerzes, leide mit mir selbst, kann und will nicht reden. Ich vergrabe mich in meiner kalten Hölle, die im Verborgenen liegt, sodass mich niemand findet. Selbst wenn sie jemand entdeckte,

fielen meine Tränen bei all dem feuchten Gestein, dessen Tropfen meine Haut benetzen, nicht auf. Ich flüchte mich in eine andere Realität, bin benebelt von Rausch- und Suchtmitteln, die mich dem Druck entfliehen lassen, bis sich alles wiederholt und mich nichts mehr von der Leere in mir ablenkt. Ich fühle Trauer, ein tiefes Gefühl der Sinnlosigkeit breitet sich in meinem Bauch aus.
Zum nächsten Schritt, dem hin zum Abgrund, kam es nie. Ich bin nie gesprungen, aber bin dennoch gestorben. Mein Schmerz war das Transportmittel in die Freiheit. Das erkenne ich heute klar, und ich bin ihm dankbar. Mein damaliges Ich musste sterben, damit ich mich aus dem Sumpf des Alten befreien und wie neugeboren sein konnte.
Damals wog alles so schwer. Mein Geist hatte nichts, an dem er sich festhalten konnte, keine Orientierung. Aber ein Mensch braucht im Inneren klare Antworten auf seine Fragen – oder die Waage des Lebens neigt sich in die falsche Richtung. Heute blicke ich zurück und das Vergangene erscheint mir wie ein Traum, wie eine Schauergeschichte, die ich erzähle und die mit mir nichts mehr zu tun hat. Ich habe keinen Zugang mehr zu den Emotionen, die mich damals vereinnahmten und lähmten. Dies verdeutlicht mir, wie vergänglich alles ist und wie unbedeutend Gedan-

ken und das Klammern an einen Schmerz sein können.

Ich hätte mir damals nie erträumt, dass ich heute dort stehe, wo ich jetzt bin. Nie hätte ich geglaubt, die Stärke zu haben, alles zu meistern.

Ich möchte dich gern an deine Stärke erinnern. Du brauchst niemanden, der dich hält, keinen Zuspruch, keine Liebe von außen. Das, was wahrhaft befreiend wirkt, ist, dass du dich wieder selbst spürst.

„SICH SELBST SPÜREN, WAS BEDEUTET DAS GENAU?"

Sich selbst zu spüren bedeutet, seine innere Stimme nicht mehr zu ignorieren und alles daran zu setzen, auszuleben, was in einem ist, koste es, was es wolle – auch wenn man sich von Freunden, Verwandten, Arbeit oder Wohnort lösen muss. Auch wenn man das gehen lassen muss, was sich falsch anfühlt, um in einem neuen Umfeld gedeihen zu können. Keine halben Sachen, keine Kompromisse, nie mehr das eigene Herz verraten.

Jedes Gefühl, jeder Gedanke, das komplette Zusammenspiel, das dich in deinen aktuellen Zustand versetzt, zeigt dir, wie wunderschön du bist und dass du dies endlich erkennen sollst. Denn die gekappte Verbindung zu unserem wahren Selbst ist das Resultat unserer Erfahrungen. Jene Erfahrungen, die wir im Außen gemacht haben: Ablehnung, Verletzungen, traumatische Erlebnisse. Sie alle haben uns beeinflusst, aber nun gilt es, sich wieder zu spüren. Sobald wir die Verbindung zu uns wieder aufnehmen, wird sie alle unsere Fragen beantworten. Dieser Prozess ist steinig und voller Hürden – dennoch ist er nötig.

Mir ist noch kein starker Mensch begegnet, der ohne harte Vergangenheit ist. Doch jeder Schritt, der dich auf deine eigenen Pfade führt, ist bedeutend. Künftig wird er dir den Weg ebnen.

Ich möchte dich nicht belügen und dir sagen, das alles gut wird, gar, dass alles immer schön und schmerzfrei bleibt. Das Leben ist ein Auf und Ab, es hält Überraschungen für uns bereit, auf die wir nicht gefasst sein können. Doch wir können lernen, keinen Widerstand gegenüber dem, was ist, zu leisten, stets unser Bestes zu geben und das Leben in Demut anzunehmen.

Liebe, Kraft, Vertrauen, Dankbarkeit – all das sind schöpferische Kräfte, die in uns wohnen. Sie warten nur darauf, dass wir sie aktivieren. Wir sollen gesehen werden und aus der Abhängigkeit herauskommen, die uns eingebläut wurde. Wir wollen ein selbstbestimmtes Leben führen, das wir ohne Kompromisse und voller Überzeugung bereit sind, zu verwirklichen.

„DAS EGO GIBT VOR, WEGWEISEND ZU SEIN, DOCH DEIN WEG IST ES, DU SELBST ZU SEIN.“

Kapitel

02

DAS EGO

„Ego" ist ein Wort, das immer mehr Beachtung findet, und das viele, ohne nachzudenken, in ihren Wortschatz einbauen, ohne dass sie verstehen, was es bedeutet.

Das Ego ist:

- dein illusorisches Ich
- dein gestörtes Selbstbild
- die Identifikation mit deinem Verstand
- deine ganz persönliche Geschichte
- deine Person

Jedoch für mich ist es mehr als nur ein Wort, das dazu dient, Illusion und Wahrheit zu trennen. Das Ego zeigt sich in allen Facetten meines Lebens und spiegelt mir alle meine Mängel. Es zeigt meine Geschichte, eine Biografie, über die ich mich identifiziere.

Alles, was ich bisher erfahren durfte, habe ich nicht bewusst verarbeitet, sondern es brach sich seine Bahn ins Unterbewusstsein. Das Ego ist die Summe unserer Erfahrungen, es klammert sich durch unsere Gedanken an deren Wahrhaftigkeit. Jedoch definiert mich weder die Summe meiner Erfahrungen, noch hat das Ego etwas mit dem Jetzt zu tun, in dem ich bin und mein wahres Selbst lebe. Denn mein wahres Selbst ist von nichts abhängig, es möchte einfach nur gelebt werden; bei dem wahren Selbst könnte man auch von der Seele sprechen. Im Gegensatz zu deinem wahren Selbst ist dein Ego nie vollkommen. Es will sich immer erklären, verstanden fühlen, etwas besitzen oder erreichen, und es gibt dir das Gefühl, dass du nicht vollkommen bist.

Als Kind waren wir alle frei, sorglos und unbeschwert, bis unsere Erfahrungen, aber auch Fremd- und Eigenkonditionierungen uns Rollen auferlegten. Wir wurden alle so erzogen. Bereits als wir Kinder waren, trieb man uns unser wahres Selbst aus. Man presste uns in Schubladen, die wiederum unseren gesellschaftlichen Stellenwert definierten.

Ein Kind hinterfragt nicht, es nimmt sich Vorbilder und übernimmt jegliche Strukturen, die auf ihn einwirken. Auch wir begannen irgendwann, uns selbst über das Schubladendenken zu kategorisieren, unseren Wert als Mensch an Leistung, materiellen Werten und Bestätigungen zu knüpfen. Dabei verloren wir unseren wahren Wesenskern, wir dimmten unser inneres Leuchten ab oder löschten es sogar. Selbst wenn du es gewagt hast, dich nicht anzupassen, wurdest du ausgegrenzt und als sonderbar, gar als verrückt, abgestempelt.

Also definiertest du dich über deine Geschichte und wurdest zu einer Marionette, die verzweifelt auf die Suche geht, abhängig von äußeren Umständen.

Du kannst dir sicher sein, dass es immer auf das Ego zurückzuführen ist, wenn du Ohnmacht, Schmerz, Wut, Trauer oder Frust fühlst. So gut wie niemand weiß, wie krankhaft das Ego ist, welche Ausmaße es wirklich annimmt.

Sei dir bewusst, dass so gut wie jedes Verhalten und Gefühl bei einem unbewussten Menschen aus dem Ego kommt; du wirst es merken. Das Ego zeigt sich in allen Lebensbereichen, spiegelt jeden Mangel, vor allem, wenn wir mit anderen kommunizieren: Man fühlt sich angegriffen, getriggert, belogen, genervt, verarscht. Man ist beleidigt, rechtfertigt sich oder ist selbstverliebt und ohne Empathie. Man gibt jedem anderen die Schuld, nur nicht sich selbst. Die eigenen vom

Ego erzeugten Gefühle spiegeln sich in einer „bösen" Welt.
Die Facetten des Egos sind bei jedem unterschiedlich ausgeprägt, schließlich machen alle eigene Erfahrungen. Aber der Ursprung ist immer der gleiche: Bist du mit deinem Ego identifiziert, bist du nie ganz zufrieden, wirst du nie das Gefühl haben, bei dir angekommen zu sein. Egal, was du im Außen versuchst, egal, wie hart du arbeitest, wie viel Geld du auf der Bank hast, wie oft du ins Fitnessstudio gehst, wie schön du dich schminkst: Das Gefühl von Fülle und tiefer Liebe zu dir selbst bleibt aus.
Das Ego erzählt dir Geschichten, es nährt sich aus Gedanken an die Zukunft und Vergangenheit. Dein wahres Selbst drückt sich in diesem Moment aus, wenn du authentisch bist und dich frei fühlst. Ist dein Bewusstsein im Jetzt verankert, kommt deine Seele, dein wahres Selbst, zum Ausdruck, und das Leben beschenkt dich mit Fülle. Die Puzzlestücke fügen sich zu einem perfekten Bild zusammen.

HAST DU EIN HAUSTIER?

Dann achte mal darauf, wie das Tier für den Moment lebt. Alles, was wir je besitzen werden, ist in uns, wir haben es nur vergessen. Aus der eigenen Matrix zu erwachen heißt lediglich, dass du dir bewusst wirst, was echt und was Geschichte ist. Du erkennst dein Ego und löst dich von der Identifikation. Mit dem Erwachen löst sich dein Ego nicht in Luft auf, meist löst sich nur eine Identität und man erfindet eine neue. Es geht nicht darum, das Ego zu töten, es macht uns Menschen aus, es ist unser Charakter. Das Entscheidende ist jedoch, dass wir uns dessen bewusst sind und unsere Rolle spielen, also bewusst am Spiel des Lebens teilnehmen. Wir können uns auch mit Konzepten wie Spiritualität oder Glauben identifizieren. Jedoch ist man dann wie bei einer Sucht auf der Suche im Außen. Setzt man die „Droge" ab, verlagert man die Suche.

Der entscheidende Punkt ist, dass du den Wächter deines Unterbewusstseins schärfst. Bist du dir deiner selbst bewusst, dringt nichts ungefiltert in dein Innerstes.

Dein Bewusstsein reinigt deine Gedanken. Es löst Egostrukturen nach und nach auf, weil du dich selbst nicht mehr belügen kannst und klar erkennst, was Ego und was dein wahres Selbst ist. Je bewusster du wirst, desto mehr tritt Vergrabenes zutage. Sogleich beginnt dein Ego zu rebellieren. Es klammert sich an seine Existenz und konfrontiert dich, weil es sich bedroht fühlt, gna-

denlos mit all deinen blinden Flecken. Davor haben wir Angst, und deshalb stellen wir uns nicht unserer inneren Wahrheit. Denn der Schmerz, der sich zeigt, ist überwältigend.
Doch an der Konfrontation mit unserer inneren Wahrheit und dem Schmerz führt kein Weg vorbei. Nur so gelangen wir in unsere Schöpferkraft, können unseres wahres Selbst leben. Durch den Schmerz zu gehen, jeden Aspekt in dir zu beleuchten und anzunehmen, alles, was sich zeigt, zu hinterfragen, erlauben, da zu sein – das ist eine Herausforderung. Stück für Stück erkennst du dein wahres Wesen, das mit Egoblockaden zugemauert ist. Erkenne dich selbst, und du wirst wissen, wann du authentisch bist und wann im Ego.

FRAGE: „FÜHREN WIR DAS FÜR UNS BESTIMMTE LEBEN ODER BLEIBEN WIR FREMDBESTIMMT UND LEIDEN?“

„ERST WENN MAN
DEN MANTEL DER
VERSCHLEIERUNG ABLEGT
UND SEIN WAHRES SELBST
ZUM AUSDRUCK BRINGT,
FÜHLT MAN FÜLLE IM
INNEREN, DIE WIEDERUM IM
AUßEN FÜLLE ERZEUGT."

Kapitel
03

DEIN WAHRES SELBST

Wir denken wirklich, es sei ein Nachteil, anders zu sein. Lass mich dich vom Gegenteil überzeugen!
Ich war schon immer anders. Zumindest redete ich mir das aufgrund der Reaktionen anderer ein. Ich hatte immer das Gefühl, anders zu sein, weil ich tiefer gefühlt, anders gedacht und mich anders verhalten habe.
Als Jugendlicher spürte ich immer eine Leere in mir. War ich mit Freunden unterwegs, fühlte ich mich trotzdem allein. Es war, als spielte sich eine andere Welt vor meinen Augen ab. Sprach ich darüber, fühlte ich mich missverstanden. Damals war ich nicht reflektiert, ich drückte das Gefühl des Alleinseins in die Tiefe meines Selbst, wollte mich damit nie auseinandersetzen. Es war ja auch kein schönes Gefühl, und ich hätte es auch nicht verstanden.
Da ich mich nicht als Teil der Gesellschaft fühlte, aber dabei sein wollte, lernte ich, mich anzupas-

sen. Ich unterdrückte meine wahren Gefühle und benebelte meine Wahrnehmung mit Rauschmitteln. Bei einem solchen Vorgehen wird man mit der Zeit wütend und frustriert, ohne zu wissen, warum. Man versucht, irgendwie zu leben, lebt in den Tag hinein, ist ohne tieferen Sinn, ohne Ziele. Man lässt sich gehen, nichts macht Bock, man ist schnell genervt, am meisten von sich selbst. Man erträgt sich selbst nicht mehr!
Dann bekommt man Depressionen und Ängste. Gedanklich gleitet man immer wieder in andere Realitäten ab, um sich vor seinen Gefühlen zu verstecken. So zieht sich der eigene Leidensweg dahin, bis alles immer schlimmer wird und sich Psyche und Körper bemerkbar machen. Man fühlt sich allein und verliert den Glauben an sich selbst.
Mir ist bewusst, dass es da draußen Menschen gibt, denen es ähnlich geht, die ihre Gefühle verdrängen, weil sie keinen Ausweg sehen oder keinen anderen Blickwinkel kennen.

ABER ES GIBT DEN AUSWEG.
DU DARFST ERWACHEN!

Denn jeder Mangel, der sich in deinem Leben zeigt, jede negative Empfindung, die du spürst,

ist darauf zurückzuführen, dass du dein wahres Selbst in seiner vollen Pracht nicht lebst.
Ja, ich bin anders, aber nicht nur ich! Jeder von uns ist einzigartig und wundervoll individuell. Unsere Seele schreit danach, dies auszuleben. Sich gesellschaftlich zugehörig fühlen zu wollen, den Erwartungen der Eltern, der Schule, der Freunde und irgendwelcher Ideale gerecht werden zu wollen, lässt vielen nicht den Spielraum, ihre wahren Fähigkeiten zu entdecken und auszuleben. Da ist es logisch, dass ein Gefühl der Leere entsteht, dass alles keinen Sinn mehr ergibt, dass dies einen mit der Zeit innerlich auffrisst. Schließlich hat man sich bereits selbst verlassen.
Aus meiner heutigen Perspektive hat sich viel verändert. Mir ist bewusst geworden, dass Anderssein kein Nachteil ist, kein Problem, das es zu lösen gilt. Nein, dieses Anderssein ist meine Individualität. Mein emotionaler und körperlicher Schmerz war der Hilfeschrei meines wahren Selbst, dafür bin ich so dankbar. Es ist faszinierend, dass man für Depressionen, Ängste und fast unerträgliche Schmerzen dankbar sein kann. Doch ohne diese Erfahrungen hätte ich nie meinen Weg gewählt, nichts hätte sich verändert. Der Schmerz brachte mich zum Handeln.
Als ich erkannte, dass ich ich selbst sein darf, nahm ich mich, so wie ich bin, mit all meinen Fa-

cetten, an. Nichts verleugne ich mehr, Authentizität hat oberste Priorität. Keine manipulativen Beziehungen, kein Runterspülen von Gefühlen, stattdessen Ehrlichkeit mir selbst und meinen Mitmenschen gegenüber.
Auf allen Ebenen trat Heilung ein, denn jede Zelle meines Körpers wurde mit Bewusstsein und purer Fülle überflutet, seit ich dem Ruf meiner Seele endlich gefolgt war. Zwar hält das Ego gern an der Illusion fest, echt zu sein, und klammert sich an den Schmerz. Verbissen zeigt es sich immer wieder und fördert Vergrabenes zutage, doch habe ich nun das Bewusstsein, dies zu erkennen, und kann, wenn sich das Ego zeigt, mit ihm umgehen.
Ich wünsche dir von Herzen, dass du dein wahres Selbst wiederentdeckst und den Mut findest, ihm zu folgen. Dein wahres Selbst kannst nur du selbst ergründen. Nur du kennst die Tiefe deiner Seele und kannst deren Signale in deinem feinstofflichen System registrieren.
Dein wahres Selbst unterscheidet sich stark vom Ego. Denn dein Ego ist dein Ich, das von anderen geformt wurde; es hat nichts mit der Realität zu tun. Zwar ist auch dein wahres Selbst eine Form des Ichs, nur nährt es sich nicht von deiner Geschichte, sondern vom Kern deiner inneren Essenz. Identifizieren wir uns also nicht länger mit

dem Ego, bedeutet dies nicht, dass wir kein Ich mehr besitzen, sondern dass der bewusste Geist die Führung übernimmt. Deshalb spreche ich öfter von dem „führenden Geist“, der du bist.
Es liegt an uns, ob wir das Leben weiterhin über uns ergehen lassen und dabei fremdgesteuert sind, oder ob wir bewusst Entscheidungen treffen und uns selbst durch das Leben führen. So entwickelst du dich vom Opfer zum Schöpfer deiner Realität.

„DEIN VERSTAND IST ENTWEDER DAS BESTE WERKZEUG, DAS DU HAST, ODER DEIN SCHLIMMSTER FEIND. JE NACHDEM, OB ER DICH ODER DU IHN BENUTZT.“

Kapitel
04

DER VERSTAND

Dein Verstand beziehungsweise Geist ist das mächtigste Werkzeug, das du besitzt. Jedoch haben nur die wenigstens erkannt, wozu er imstande ist. Sie lassen sich unbewusst von ihren Gedanken bisweilen kontrollieren.
Du hast bereits gelernt, dass es verschiedene Arten des Ichs gibt: dein konditioniertes Ich (Ego) und dein höheres Ich (wahres Selbst). Entscheidend ist, wer den Geist (das Ich) gerade führt.
Also frage dich: „Führt mich meine Konditionierung (mein Erlerntes, meine Geschichte, mein Glaube) oder mein wahres Selbst, das in diesem Moment verankert ist, durchs Leben?"
Die Unterschiede zwischen Ego und wahrem Selbst sind in Bezug auf den Verstand gravierend. Das Ego, das konditionierte Ich, wird gelenkt von Erfahrungen, der Egoverstand übernimmt die Kontrolle und bezieht sein Wissen und seine Wahrheit aus den Erfahrungen. Das heißt, bist du

mit deinem Ego identifiziert, bist du das Opfer deiner Realität. Du hinterfragst nicht, sondern bist dem unkontrollierten Denken hilflos ausgeliefert. Dein Egoverstand rattert ständig, nährt Angst, Negativität, Manipulation und Illusion. Er baut eine Kulisse in deinem Kopf, er erschafft eine Traumlandschaft, in der du dich verlierst und zum Gefangenen deiner Realität wirst.

Der Egoverstand ist immer auf der Suche, hat nie genug, ist stets unzufrieden und schürt in dir Angst und Misstrauen.

Trennen wir uns vom Ego und erkennen die Konditionierungen, hören wir ja nicht auf, den Verstand zu benutzen. Nachdem du dich von der Identifikation gelöst hast, übernimmt dein wahres Selbst die Führung über das Denken. Dieses Denken bezeichne ich als „führenden Geist".

Der führende Geist ist im Moment verankert und lebt dadurch sein wahres Selbst. Bist du der führende Geist, bist du dir deiner Gedanken bewusst, kannst sie lenken und steuern und dadurch entscheiden, welchen Input du deiner inneren Welt geben möchtest. Bist du dir dessen gewahr, was dein Verstand produziert, wirst du immer seltener das Verlangen verspüren, für alles eine Erklärung zu wollen, du wirst aufhören, alles zu „zerdenken" und dich über den Verstand zu definieren. Du wirst nicht länger mit ihm identifiziert sein, weil

du ihn als Tool, als Werkzeug, zu betrachten beginnst. Du übernimmst die Kontrolle und die Entscheidungsgewalt. Diese bewusste Führung ist mächtig, mit ihr bist du nicht länger Opfer deiner Konditionierung beziehungsweise Geschichte. Du erhebst dich aus dem Egoverstand und nutzt ihn für sinnvolle Zwecke.
In der Spiritualität heißt es oft, lös dich von deinem Verstand, hör auf zu denken, geh in die Stille! Für mich war es anfangs sehr schwer, in die Stille zu finden, selbst mit Praktiken wie Meditation, Yoga und Qi Gong. Bis ich erkannte, dass Stille nicht bedeutet, nicht denken zu dürfen. Für mich ist Stille ein Bewusstseinszustand, in dem der führende Geist im Moment verankert ist und der Geist aus seinem Verstand keine Nahrung zieht, sondern ihn benutzt, um Aufgaben zu lösen oder zu reflektieren. Es ist wie mit dem Ego: Löse ich mich von meinem illusorischen Ich, bedeutet das nicht, dass sich das Ego in Luft auflöst, sondern dass ich mich nicht länger über meine Konditionierungen definiere. Jedoch habe ich weiterhin ein Ego.
Dieses Ich ist jedoch das wahre Selbst, das bewusst eine Rolle in diesem Leben einnimmt. Ohne Ich könnten wir nicht am Leben teilnehmen. Wir sind hier, um eine menschliche Erfahrung zu machen, also ist es in Ordnung, zu denken und

ein Ich zu besitzen. Du musst nichts löschen, du darfst lediglich dein Ich mit Bewusstsein fluten. Die Wirkung, die sich in dir entfaltet, wenn der führende Geist am Hebel sitzt ist, ist die, dass alles zum Abenteuer wird. Denn die emotionale Komponente deines Verstandes fällt von dir ab. Emotionen sind nichts anderes als Erinnerungen, vergangene Gefühlszustände, die in dir gespeichert sind. Lösen wir uns von dem Egoverstand, lösen wir uns auch vom Vergangenen, das uns emotional anhaftet. Dann erleben wir (der führende Geist) Gefühlszustände, deren Essenz sich aus dem Moment heraus bildet.

Das führt dazu, dass wir bewusst am Spiel des Lebens teilnehmen, uns aber nicht länger eine Rolle aufbürden, um in der Welt zu funktionieren. Der führende Geist wird zum Dirigenten deiner Wahrnehmung und löst jeglichen Widerstand auf, den der Egoverstand erzeugt.

Ist der führende Geist am Drücker, eröffnet er uns Dimensionen und Perspektiven, die für den Egoverstand unvorstellbar sind. In der Spiritualität heißt es, der Verstand sei begrenzt. Dies trifft auf den Egoverstand vollständig zu, jedoch nicht auf den führenden Geist. Denn der bezieht sein Wissen nicht aus dem Erfahrungspaket oder aus dem, was er erfassen kann, sondern aus seinem wahren Selbst. Lebst du dein wahres Selbst, bist du in deinem Sein verankert, das dir Informationen gibt, die jenseits der Vorstellungskraft liegen. Dies bedeutet, dass wir uns nicht länger begrenzen und unseren Geist öffnen.

Die Erfahrungen, die ich als führender Geist machen durfte, lieferten mir das Vertrauen, dass alles jederzeit in seiner göttlichen Ordnung ist. Entscheidend ist, wer das, was ist, erfasst.
Fangen wir an zu leben, anstatt zu funktionieren, gehen wir bewusst statt emotional durchs Leben.

**DIE ENTSCHEIDENDE FRAGE IST:
„BENUTZT DEIN VERSTAND DICH ODER
BENUTZT DU IHN?"**

„SOLANGE DEIN INNERES LEIDET, ZIEHST DU UMSTÄNDE UND MENSCHEN AN, DIE DIR GENAU DAS SPIEGELN. ES LIEGT AN DIR, VERANTWORTUNG ZU ÜBERNEHMEN UND DIE WELT TROTZ ALL DER NARBEN MIT OFFENEN ARMEN ZU EMPFANGEN.“

Kapitel
05

DER SPIEGEL DEINER WELT

Erneut verschließt du die Tür zu deinem Herzen. Du wurdest oft verletzt. Oft plagte dich das Gefühl, erst benutzt und dann entsorgt zu werden. Anscheinend bist du nicht vor Verletzungen jeglicher Art gefeilt und den Umständen und Launen anderer Menschen hilflos ausgeliefert.
Von deiner Kindheit bis hinein ins Erwachsenenalter hast du alle schmerzhaften Erfahrungen in dir getragen – sie blockierten deine Selbstentfaltung. Solche Blockaden wirken in deinem Unterbewusstsein. Werden sie durch gewisse Situationen reaktiviert, entsteht ein Gefühl der Enge, dass du auf dein Gegenüber projizierst.
So wie ein Kind, das sich die Hand an der heißen Herdplatte verbrennt, verbrennst du dich in deinen Handlungen, deinem Denken und in zwischenmenschlichen Beziehungen. Doch

statt die Schuld auf andere zu schieben, solltest du auf deine Reaktionen achten und ergründen, was sich in deiner inneren Welt abspielt, welcher Schmerz dort angekratzt wird. Weise nicht anderen die Schuld zu, bemitleide dich nicht selbst, sondern gehe in dich und heile deine Verletzungen.
Du darfst verstehen, dass es niemals dein Gegenüber ist, das für deinen Schmerz verantwortlich ist. Es ist dein Schmerz beziehungsweise deine unbewusste Kommunikation mit dir selbst!

**DIE ENTSCHEIDENDE FRAGE IST:
„WELCHES ICH IST DER URSPRUNG DES AKTUELLEN GEFÜHLSAUSBRUCHS?"**

Wenn du emotional auf etwas reagierst, ist es immer dein Ego, das sich bemerkbar macht. Etwas in dir erinnert sich in diesem Moment an vergangene Situationen, und die wiederum lösen in dir diese Reaktion hervor.

Also: Stürze dich nicht auf dein Gegenüber. Suche nicht bei ihm die Schuld für deine Gefühle. Lenke besser deine Aufmerksamkeit nach innen. Dahinter steht die Erkenntnis, dass alles, was dich im Außen triggert, bereits in dir ist.

Solange du nicht in deinem Inneren nach der Ursache suchst, begibst du dich solange unbewusst in Situationen, bis du deine Lektion gelernt hast. Dein Gegenüber ist der Spiegel dessen, was in deinem Inneren vor sich geht. Genauso bist du ein Spiegel für dein Gegenüber.

Du hast die Wahl: Du kannst dich dein Leben lang von anderen für ihre Zwecke missbrauchen lassen. Oder du fragst dich, welche Lernaufgabe du hast. Indem du immer verbitterter und verantwortungsloser im Umgang mit dir und deinen Mitmenschen wirst, schränkst du deine Lebensqualität drastisch ein. Übernehme lieber Verantwortung und wage einen Blick hinter die Kulisse deines Schmerzes. Dann wirst du all die Mängel aufdecken, die seit jeher in dir schlummern. Nimm sie an, vergebe dir. Damals wusstest du es nicht besser.

Es geht nicht um Perfektion, auch nicht darum, nie mehr verletzt zu werden. Es geht um das Vertrauen in deine Stärke und um die Macht, die es mit sich bringt, übernimmt man Verantwortung. Damit wird sich dein Herz wieder öffnen, und du wirst alles annehmen, wie es kommt, ohne zu leiden oder Erwartungen an Mitmenschen zu haben. Entfalte dich in deiner Entwicklung, und du wirst merken, das Altes geht und Neues kommt. Dann wirst du nicht gewillt sein, zurückzublicken.

Diesen Prozess musst du Schritt für Schritt durchlaufen, sei geduldig mit dir.
Du solltest nicht außer Acht lassen, dass nicht alles eine Spiegelung ist. Dir wird nur etwas gespiegelt, wenn dich dein Gegenüber triggert. Wenn du bei dir bist, in deiner Mitte und in deiner Kraft, wird dir nichts gespiegelt. Ganz im Gegenteil: Löst deine Gegenwart in deinem Gegenüber ein emotionales Verhalten aus, sagt das mehr über ihn als über dich aus. Wenn du nicht auf den Film der anderen einsteigst, bist du bei dir und ein Zuschauer im Spiel des Lebens. Du genießt die Show des Lebens!

FÜLLE ZIEHT FÜLLE AN, MANGEL ZIEHT MANGEL AN!

Ich schrieb bereits, dass es ausschließlich mit dir zu tun hat, wenn du dich getriggert fühlst.
„Aber was genau hat es damit auf sich, dass ich vermehrt Situationen begünstige oder gewisse Menschen in mein Leben ziehe?“
Stell dir vor, du gehst spazieren und triffst einen alten Bekannten. Ihr tauscht euch aus, wisst beide nicht, wie es gerade in dem anderen aussieht. Zwar weiß niemand, welche emotionale Schlacht du gerade kämpfst, jedoch spürt dein Gegen-

über, wie es um dich steht. Da ihr euch aber dieser Kommunikation auf der feinstofflichen Ebene nicht bewusst seid, legt ihr jedes Wort auf die Goldwaage.

Das heißt, dass die Schwingung in deinem Inneren nach außen strahlt. Jedes Lebewesen kann deren energetische Frequenz wahrnehmen. Die Schwingung in dir hängt mitunter davon ab, wie du mit dir selbst kommunizierst. Hegst du zum Beispiel negative Gedanken, wird sich deine Ausstrahlung daran anpassen.

Hat ein Mensch eine bedrückende, wütende Ausstrahlung, begünstigt dies negative Situationen. Unbewusst fordert er andere auf, sich mit ihm emotional dort zu treffen, wo sein Inneres aktuell steht.

Tragen wir Liebe, Fülle und Glück in uns, strahlt dies ebenfalls nach außen und erzeugt ein entsprechendes Resonanzfeld. Oder hast du noch nie gehört, dass ein Lächeln ansteckend ist?

Bist du achtsam und zentriert, kannst du die Ursache und Wirkung von Situationen ergründen. Dies eröffnet dir eine neue Art der Kommunikation, die du sowohl mit dir selbst als auch mit anderen Menschen pflegst. Du wirst empathischer und verständnisvoller, reagierst auf eine Situation besonnen, nicht mehr gekränkt oder gar verbittert. Nun gibt es weder Opfer noch Täter.

„WER SICH UND SEIN HANDELN NICHT INFRAGE STELLT, FÜHLT SICH DURCH ANDERE MEINUNGEN OFT PERSÖNLICH ANGEGRIFFEN. DA ER NUR SEINEN EIGENEN GLAUBENSSÄTZEN FOLGT, WIRD ER EIN GEFANGENER SEINER BEGRENZTEN WAHRNEHMUNG BLEIBEN."

Kapitel
06

TRIGGER

Weißt du, wie es ist, genau zu wissen, dass du bis hierhin und nicht weiter gehen kannst, weil du sonst die Grenzen deines Gegenübers überschreitest und es komplett ausflippen wird?
Viele Menschen fühlen sich sehr schnell persönlich angegriffen. Ihre Wahrnehmung ist auf das begrenzt, was sie für richtig halten. Dies lässt ihnen kaum Spielraum, mit anderen bereichernde Diskussionen zu führen.
Die Toleranz solcher Menschen hängt am seidenen Faden. Sie versuchen stets, ihre Meinung durchzuboxen, wenn nötig mit Gewalt. Alle Mittel, die ihnen zur Verfügung stehen, nutzen sie, um dich klein zu machen. Ihre Wahrheit lebt von starken Argumenten, Verteidigungsmechanismen, Manipulation und deiner Bereitschaft, für sie den Nährboden bereitzustellen. Das führt sehr oft zu Spannungen und Konflikten. Du hast

gelernt, selbst zum Angriff überzugehen, sobald du angegriffen wirst.
Ich möchte dir dazu eine Perspektive darlegen. Sie erlaubt es dir, besonnen auf alles zu reagieren – oder den Inbegriff von Entspannung zu verkörpern.
Diese Perspektive ist ungewöhnlich, weil sie zeigt, dass du den Boden für solche Situationen bereits in dir bereitest! Du lädst andere ein, dich dort zu treffen, wo du dich bereits selbst verlassen hast. Durch deine nicht ausgeheilten Wunden bietest du eine Angriffsfläche, die noch größer wird, sobald du dich mit den Reaktionen anderer identifizierst.

Ein Beispiel: Fühle ich mich klein, ungeliebt, dumm und nicht in der Lage, meine Wahrheit nach außen zu tragen, wird mein Chef mir gegenüber herablassend, laut und unverschämt. Wäre ich in meiner Kraft, behandelte mich mein Chef nicht wie Dreck. Menschen spüren, wie man mit sich selbst kommuniziert. Die daraus entstehende Energie strahlt man aus.
Also liegt es an mir, das Verhalten meines Chefs nicht persönlich zu nehmen, sondern der Situation auf den Grund zu gehen. Ich darf erkennen, dass ich mit meinen inneren Themen in Heilung gehen, sie annehmen sollte. – Das darfst auch du.

Denn wer empfänglich für Worte und Taten ist, reagiert emotional darauf.
Wer sich persönlich angegriffen fühlt, hat Angst, etwas zu verlieren. Sogleich möchte er etwas beschützen – und geht zum Angriff über. Ein Mensch, der sich über seine Glaubenssätze definiert, identifiziert sich mit ihnen; er ist verunsichert, wenn eine andere Person seine Glaubenssätze infrage stellt, denn dies löst in ihm Angst aus.
Meist spüre ich im Gespräch mit Menschen, wie weit ich gehen kann, ohne dass ich ihre Grenzen überschreite und sie kränke. Oft ist es aber unumgänglich, dass ich meine Meinung vertrete. Dann stoße ich auf Widerstand. Doch der Unterschied ist, dass ich mich durch deren Worte und Handeln nicht persönlich angegriffen fühle, weil ich meine Identität und meinen Wert nicht an Reaktionen und Glaubenssätze binde.
Kommt es zur Konfrontation, verweile ich bei mir, höre lediglich zu und gebe meinem Gegenüber das Gefühl, dass ich es respektiere und seine Meinung akzeptiere, auch dann, wenn sie nicht meiner Wahrheit entspricht. Ich trage mit Bedacht Argumente vor, doch fühle ich mich als Person unbeeinflusst; ich bin bereit, mich offen auf die Diskussion einzulassen, sofern sie auf Augenhöhe geführt wird.

Ganz ehrlich: Niemand weiß alles. Es werden immer wieder Situationen entstehen und Menschen in dein Leben treten, die in manchem erfahrener sind als du!
Warum verschließen wir uns also vor deren Wissen, anstatt das anzunehmen, was sich für uns stimmig anfühlt?
Natürlich ist es schwer, sich selbst infrage zu stellen, vor allem dann, wenn man geglaubt hat, in etwas richtig gut zu sein. Doch hat die Fähigkeit, etwas oder sich selbst zu reflektieren, ein unglaubliches Entfaltungspotenzial: Aus ihr entsteht in uns Neues.
Ich bin niemandem mehr böse, der in den Angriffsmodus wechselt, weil mir bewusst ist, dass er nur verteidigen will, was ihm wichtig ist; er hat es nicht anders gelernt. Ich verweile bei mir, in meiner Energie, weil es für mich nicht mehr essenziell ist, jemanden von meiner Wahrheit zu überzeugen. Bin ich mir meiner selbst sicher und tief in der Selbstliebe verankert, werde ich empfänglich für Neues und bin tolerant gegenüber dem, was gegen meine innere Wahrheit ist. Mir ist es egal, was Menschen von mir halten. Selbst wenn der Hammer der relativen Wahrheit geschwungen wird, darf dies so sein und ich nehme es an. Die emotionalen Reaktionen meines Gegenübers sagen viel mehr über ihn als über

mich aus, insofern ich nicht ebenfalls emotional bin. Solange mich etwas berührt, wird mir etwas klar und deutlich gespiegelt.
Alles darf sein, es zeigt mir etwas auf. Um aus dieser Perspektive heraus reagieren zu können, muss man das Prinzip des Triggerns verstehen. Man muss wissen, wie dieses Prinzip mit dem Gesetz des Spiegelns verbunden ist.
Im Kapitel „Der Spiegel deiner Welt" hast du bereits erfahren, dass du das, was du ausstrahlst, auch anziehst. Wenn du davon ausgehst, dass alles Energie ist, ist nichts Zufall, sondern formt sich anhand dessen, was du sendest und bereitwillig empfängst.
Das Spiegelgesetz ist mit dem Triggern eng verknüpft, denn es zeigt dir auf, worauf du bei dir schauen darfst und in welchem Konflikt dein Gegenüber sich befindet.
Fühlt sich dein Gegenüber durch deine Worte angegriffen, verletzt oder beleidigt, erinnert es sich an Vergangenes, deine Worte stoßen auf Resonanz. Im Grunde ist dein Gegenüber dir nicht böse, sondern möchte den Schmerz, den es vergraben hat, nicht erneut durchleben. Lieber schiebt es die Schuld auf dich – das ist leichter auszuhalten.
Soviel zu unserem Gegenüber: Es reagiert ausschließlich nach seiner Überzeugung. Und wel-

che Erkenntnisse solltest du aus der Begegnung mit ihnen mitnehmen?
Solche Situation weisen dich immer auf etwas hin – selbst wenn nichts Zufall ist und du nicht auf den Film deines Gegenübers einsteigst!
Du fühlst dich angekratzt, wenn Menschen zum Beispiel deine Grenzen überschreiten. Dann verspürst du den Drang, dich in Wort und Tat zu verteidigen. In diesem Moment der Verletzlichkeit projizierst du all deine Empfindungen auf dein Gegenüber, den Auslöser des Schmerzes.

Dein Gegenüber ist aber ist nicht der Ursprung deines Befindens! Es löst lediglich das Gefühlschaos in dir aus.

Es sind deine blinden Flecken, deine Schatten, deine schmerzlichen Erinnerungen, die durch den Trigger ans Licht kommen. Wenn du dies erkennen kannst, gehst du in die Eigenverantwortung und trittst die Erkundungstour in dein Inneres an.
Dadurch lernst du dich selbst immer besser kennen und bist dankbar für die Trigger, weil sie dich ein Stück näher zu deinem wahren Selbst gebracht haben.

TRIGGER ZEIGEN DIR AUF, WELCHE DEINER WUNDEN GERADE DER HEILUNG BEDÜRFEN.

Selbst wenn du das Hinterfragen zur Perfektion gebracht hast, du selbst in den schwierigsten Situationen ausgeglichen bist, erzählen dir Trigger eine Geschichte. Die Geschichte sagt aus, in welcher Wahrnehmungsposition du gerade bist: Bist du verkopft und steigst auf den Film anderer ein? Oder lernst du, darüber zu stehen und in dem Moment bei dir zu bleiben?

Das Universum schickt und schenkt dir im Leben immer wieder neue Prüfungen. Nie kannst du auf sie gefasst sein, aber anhand deiner Perspektive kannst du überprüfen, wie weit die Heilung in dir vorangeschritten ist.

Das Leben, jede Situation, jeder Mensch ist ein Geschenk. Bist du bereit, dieses Geschenk zu empfangen?

„FÜHLEN FÜHRT ZUR ANNAHME UND LÖST DIE IDENTITÄT DES SCHMERZES AUF, HALTEN WIR FEST UND LEIDEN ODER KLETTERN WIR DEN BERG VON EMOTIONEN VOLLER ENTHUSIASMUS RAUF.“

Kapitel
07

GEFÜHL „GEH HIN UND FÜHLE“

Sammle all deinen Mut und trete die Reise zu deinem Innersten an. Erfühle alles, was in deinem System unkontrolliert herumschwimmt, und du wirst der Meister deiner inneren Welt.

Fühle, was auch immer sich zeigt, auf dieser Ebene hat der Verstand nichts zu melden! Wenn der Tag sich dem Ende zuneigt, du in dein Bett fällst und dich der Trubel des Alltags nicht mehr ablenkt, kommt alles hoch. Der ganze Druck, die Enge gewinnt die Oberhand und jede Empfindung klammert sich an den altbekannten Schmerz. Wie eine Ölsardine fühlst du dich, gefangen im eigenen Körper, der spürbar einen Widerstand aufleben lässt.

Keine Gedanken, keine Worte verschaffen dir Erleichterung, nichts löst die Beklemmung, in diesem Moment bist du an deine tief vergrabenen

Ängste gebunden. Das Fühlen ist der Schlüssel, der dich von der Identifikation befreit und der all den aufgestauten Energien ermöglicht, abzufließen, ihnen die Richtung vorgibt, in die sie fließen sollen.

SOLANGE DU DEINE EMOTIONEN NICHT ZEIGST, FÜHLST DU DICH VERLOREN UND ORIENTIERUNGSLOS!

All die Empfindungen, die dich im Strudel der Negativität gefangen halten, gehören nicht zu dir, sie haben nichts mit dem Moment zu tun.
In diesem Moment gibt es nur das aktuelle Empfinden, das Gefühl, das sich in dir ausbreitet. Solange du jedoch mit deiner Vergangenheit identifiziert bist, hauchst du all den alten Gefühlen wieder Leben ein. Das Emotionspaket, dass du mit dir rumschleppst, ist die Summe deiner bisherigen Gefühlserlebnisse.
Jegliche negative Emotion, die sich zeigt, ist die Reproduktion alter abgespeicherter traumatischer Erlebnisse, die du in dir unbewusst immer wieder aufleben lässt, da du sie damals nicht verarbeitet hast. Sie sind lediglich eine Anhaftung, wie Schmutz an deinem Stiefel – auch den kratzt

du nach einer langen Wanderung ab. Eine solche Anhaftung definiert dich weder als Mensch noch ist sie zielführend.
Du kannst jedoch einen gewaltigen Nutzen aus deinen Emotionen ziehen, wenn du ihnen erlaubst, da zu sein.

„WAS NÜTZT ES MIR, MEINER EMOTIONALEN WELT GEWAHR ZU SEIN?"

Alles, was dir bisher widerfahren ist, beeinflusst dich auf irgendeine Weise. Zwar bist du dir der Auswirkungen nicht bewusst, aber sie formen deine Sicht auf die Dinge, infiltrieren deine zwischenmenschlichen Beziehungen und blockieren deine Entfaltung. Durch das Fühlen schaltest du in deinem Inneren ein Licht ein. Dadurch kann sich die verborgene Negativität nicht mehr verstecken, und du ermöglichst deinem Geist, sich zu entscheiden, wie du mit deinen Erfahrungen umgehen willst, die du nun fühlen kannst.
Als du noch im Dunklen tapptest, als suchtest du im Keller nach dem Lichtschalter, hattest du keine Gewalt über deine Entscheidungen. Die Negativität wucherte in dir und du wundertest dich,

dass der Staub und die Gestalten in der Dunkelheit die Oberhand gewonnen hatten.
Das Fühlen schafft einen hellen Raum, in dem du genau dies erkennst, es bringt frischen Wind in deine innere Welt und wirbelt auf, was nicht zu dir gehört. Früher hast du dich mit den Anhaftungen an frühere Erlebnisse identifiziert, weil sie sich ungefiltert ihre Bahn in dein Unterbewusstsein gebrochen haben.
Jede Emotion scheint echt zu sein und klammert sich an ihre Existenz. Fühle dich hinein in die Summe deiner Empfindungen, nicht erst morgen, sondern in dem Moment, in dem sie unerträglich sind, denn dann ist die Zeit, sie als Ballast zu identifizieren. Nimm deinen unbewussten Emotionen ihre Macht und Tragweite – sie sollen dich nicht länger beeinflussen.

Du fragst dich: „Wie soll das gehen, wie kann ich wieder fühlen, manchmal hab ich das Gefühl, ich bin blockiert."
Das ist auch so, du bist blockiert, weil deine Emotionen zu einem riesigen Schmerz verschmolzen sind.
Damit sich dein Inneres mit diesem gewaltigen Emotionspaket nicht befassen muss, macht es zu; dein Unterbewusstsein übernimmt die Führung, damit du weiterhin funktionieren kannst.

Jedoch kannst du dich diesem gewaltigen Schmerz nur bis zu einem gewissen Grad verschließen. Ab einem gewissen Level lässt er sich nicht mehr auf Verhandlungen mit deinem Verstand ein. Dein Körper wird zum Kanal, über den all die angestaute Negativität endlich abfließen kann. Da dies für Körper und Geist sehr unangenehm ist und bleibende Schäden hinterlassen kann, solltest du dich fragen, ob du die Erkundungstour in dein Inneres endlich antreten willst. Denn solange du dich nicht entscheidest, Verantwortung für deine Gefühlswelt zu übernehmen, wuchert die Negativität endlos weiter – bis Körper und Geist erkranken.

Was kannst du tun, um wieder Zugang zu deinem Inneren zu erhalten? Es ist nicht leicht, innere Blockaden aufzulösen. Bei jedem Menschen greifen die Erfahrungen unterschiedlich tief. Entscheidend ist, zu verstehen, dass es nie darum geht, alle Blockaden auf einmal zu beseitigen. Dieser Prozess kann schnell, aber auch langsam ablaufen. Wichtig ist, dass du dich entscheidest, dich deiner inneren Welt zu stellen. Alles andere wird sich daraus ergeben.
Triff die Entscheidung! Du wirst merken, wie Impulse entstehen und du dich immer öfter auf die Suche begibst, um dich selbst besser kennenzu-

lernen. Du wirst auf einige Barrieren stoßen und feststellen, dass es dir an Wissen und Techniken mangelt, das Chaos zu bewältigen. Du bist jedoch nicht der erste Mensch, der die Reise in sein Innerstes antritt. Da draußen gibt es wundervolle Menschen, die dich auf deiner Reise gerne begleiten und dir zur Seite stehen.

Ob Meditation, Achtsamkeitsübungen, Sport oder Musik – es gibt viele Möglichkeiten, deine innere Balance zu halten. Sie spielen aber keine Rolle. Du hast dich entschieden, ins Fühlen zu kommen. Dadurch werden sich Wege auftun. Ich habe Vertrauen!

„DEIN WERT ALS MENSCH DEFINIERT SICH NICHT ÜBER ÄUẞERLICHKEITEN. DU BIST BEREITS UNENDLICH WERTVOLL, UNABHÄNGIG DAVON, OB DU ES FÜHLEN KANNST ODER NICHT.“

Kapitel

08

DEIN NATÜRLICHER WERT

Zu lange habe ich mich wertlos, klein und ungeliebt gefühlt.

Wie sich herausstellte, war ich mit solchen Gefühlen nicht so allein, wie ich damals annahm. Ich verbarrikadierte mich in meiner Höhle, schottete mich von der Außenwelt ab, vergrub mich regelrecht. Oft hatte ich das Gefühl, im Schatten anderer zu stehen. „Selbstwert" war lange Zeit ein Fremdwort. Schon als Jugendlicher konnte ich Materiellem nichts abgewinnen, diesbezüglich war ich schon immer anders. Bereits damals fühlte es sich so an, als vermöge nichts von dem, was es im Außen gibt, die Leere in mir zu füllen. Ohne es zu wissen, war ich jedoch schon auf dem richtigen Pfad: Ich verglich mich mit dem, was sich mir darbot. Das zeigte mir, dass ich das Problem bin.

Als ich im Prozess des Erwachens auf meinen natürlichen Wert stieß, veränderte sich alles, was ich über Werte wusste, komplett. Dazu möchte ich euch gern eine Geschichte erzählen.

Zwei befreundete Mütter, Sarah und Sabrina, trafen sich bei ihrem Lieblingsitaliener. Die Stimmung war gut, sie genossen das Essen – bis Sabrina, die ältere der beiden, Sarah fragte, wie es den Kindern gehe.
„Ach, weißt du, meinen Kindern geht es gut, aber irgendwie fühle ich mich in letzter Zeit recht einsam. Irgendwie kommt immer wieder das Gefühl hoch, wertlos zu sein. Weißt du, ich hatte so viele Träume und habe mich und meine Eltern echt enttäuscht. Ich liebe meine Familie, aber manchmal denke ich mir, ich hätte mehr aus meinem Leben machen sollen."
Sabrina warf ihr einen verständnisvollen Blick zu und sagte:
„Ich kenne dieses Gefühl sehr gut. Auch ich fühlte mich lange Zeit wertlos und einsam. Aber weißt du, das liegt daran, dass du deinen Wert als Mensch von Äußerlichkeiten abhängig machst. Schau dir mal deine Kinder an, in deinen Augen sind sie wertvoll. Keines von ihnen ist mehr wert als das andere. Du spürst, dass dein eigen Fleisch und Blut unendlich wertvoll ist, sogar heilig. Ihr Wert hängt von nichts ab. Jeder Erwachsene, der ein Kind betrachtet, erkennt, wie unglaublich wertvoll es ist, einfach so, ohne Grund."
„Aber was hat sich geändert?", fragte Sarah.

„Im Kern nichts", erwiderte Sabrina. „Nur haben wir den Bezug zu unserem natürlichen Wert verloren und definieren unser Menschsein über Äußerlichkeiten. Sobald wir uns mit der Gesellschaft vergleichen, glauben wir, nichts wert zu sein. Wir vergleichen uns mit anderen, als wäre das Leben ein Wettbewerb. ‚Der Mann fährt ein teures Auto.' ‚Die Frau im TV ist so schön.' ‚Boah, ich will auch so ein großartiges Haus.' Dabei vergessen wir, dass materielle Werte und persönliche Bedürfnisse nichts mit unserem natürlichen Wert als Mensch zu tun haben.
Jeder von uns ist unendlich wertvoll, einfach so. Egal, wie er sich selbst sieht oder wie ihn andere sehen oder bewerten. Dein natürlicher Wert hängt nie von etwas ab – auch wenn du es jetzt noch nicht glaubst, fühlst oder weißt. Sehen wir Kinder, ist es uns klar. Aber auch wir haben diesen Wert. Ja, auch du bist unendlich wertvoll. Ich werde dich immer als ein wertvolles Wesen sehen und schätzen."
Sarah war von Sabrina Worten zutiefst berührt. Die Freundinnen umarmten sich und fuhren nach Hause. Sarah stieg die Stufen zum Kinderzimmer hoch und öffnete die Türe. Sie schaute auf ihre Kids und große Zufriedenheit und Liebe erfüllte sie. Sie lächelte und spürte tief in sich drin genau das, was ihre Freundin ihr vermitteln wollte.

Diese Geschichte soll uns zeigen, dass Menschen nicht unterschiedlich wertvoll sein können. Es ist der Verstand, der uns analysiert und bewertet, uns unterscheidet und in Schubladen steckt. Wir alle besitzen von Anfang an einen natürlichen Wert, wir müssen uns daran nur erinnern und Stück für Stück den Schmerz und das Leid abtragen – bis wir zum Kern vorgedrungen sind: unserem natürlichen Wert.
Kannst du es fühlen? Fühle, wie unfassbar schön und wundervoll du bist!

„WER DAS LEBEN ANNIMMT, WIE ES IST, NIMMT AUCH DESSEN TIEFEN MIT DEMUT UND SAMMELT KNIEND DIE SCHERBEN SEINER VERGANGENHEIT AUF, UM DARAUS NEUES ENTSTEHEN ZU LASSEN.“

Kapitel
09

DEINE VERGANGENHEIT

Ich habe mich oft gefragt, wie ich meine Altlasten loswerde, wie ich endlich wieder ohne Angst und mit klarem Blick nach vorn schauen kann.
Es ist einfach so viel passiert. Vieles schmerzt, es steckt noch immer tief in meinem Herzen, weil ich es dort über Jahre hinweg vergraben habe. So viel Zeit habe ich verschenkt, weil ich über die Vergangenheit nachgedacht und sie nie abgeschlossen habe. Dadurch konnte ich mich nie ganz entfalten. Immerzu zweifelte ich, führte ich ständig einen Kampf, der mit Angst und Frustration einherging. Nachts lag ich wach und versuchte, zu verstehen, versuchte, zu vergeben und endlich zu akzeptieren, dass es ist, wie es ist, und ich es nicht mehr ändern kann.
Doch blieb der Effekt von vollständiger Freiheit und Leichtigkeit aus. Kennt ihr das: Man startet in den Tag und gerät in eine Situation, die einen triggert und Vergangenes hochholt?

Die geistige Welt, die du dir aufgebaut hast, bricht auf einen Schlag zusammen.
Dein ständiges Graben in der Vergangenheit, dein Grübeln und Philosophieren haben dich nicht weitergebracht, weil Veränderung im Jetzt entsteht – nicht in der Vergangenheit. Was du jetzt tust, womit du dich in diesem Moment beschäftigst, das formt deine Gefühlswelt. Was, glaubst du, passiert mit dir, einem unsicheren und gekränkten Menschen, sobald du von Freude und Dankbarkeit erfüllt bist, weil du jeden Tag aufs Neue versuchst, das Beste aus dir herauszuholen und deinem Leben demütig zu dienen?
Du lässt alles los und integrierst den Moment, die Kernessenz deines Seins, in dein Inneres.
Wenn du auf einem starken Fundament stehst, wirft dich nichts mehr so schnell aus der Bahn. Es ist so wichtig, die Liebe zum Leben neu zu entdecken! Dadurch schafft man sich ein Fundament, das den inneren Stürmen stets standhält.
Die Liebe zum Leben heilt dich nicht nur, sie trägt auch ein Licht in die dunkelsten Ecken deines Seins. Mit deiner Liebe gewinnst du so viel Kraft. In deinem neuen Sein kannst du jegliches Thema ganz anders reflektieren und dadurch transformieren.
Das Leben zu lieben, statt die Vergangenheit bearbeiten zu wollen, ist ein anderes Herangehen

an deine Themen. Du verbeißt dich nicht länger in ein Problem, wodurch du doch nur einen inneren Krieg führst. Stattdessen legst du ein Fundament, dass Altes in dir liebevoll bereinigt. Das ist die Natur der Liebe.

Sollten negative Gefühle dich erneut zu versteinern drohen, weißt du nun, damit umzugehen. Die Liebe zum Leben wird dich warmhalten, du bist stark und kannst vergeben. Entscheide dich für ein schöpferisches, bewusstes und selbstbestimmtes Leben. Für Altes ist darin kein Platz mehr!

Du darfst erkennen, dass deine Vergangenheit ein Teil von dir ist und sie sich in Emotionen zeigt. Ich bin überzeugt, dass ich alles Schmerzhafte in mir in geordnete Bahn lenken kann, wenn ich dazu bereit bin.

Es gibt viele Lehren, viele Meister, die vom ewigen Glück erzählen. Dies interpretierte ich lange Zeit falsch. Glück ist ein Gefühlszustand, der in dir selbst geschaffen wird. Es geht darum, deine Gefühlsverkettungen zu erkennen und sie mit jedem Atemzug zu fühlen, dich selbst zu spüren!

Jeder Moment, jede Situation hat ihren Grund, auch wenn der sich dir nicht gleich erschließt. Dies ist aber entscheidend, denn zu erkennen, dass Tiefen ebenso wie all die schönen Momente zu deinem Leben dazu gehören, macht dich un-

glaublich stark. Diese Erkenntnis verleiht dir eine Leichtigkeit, mit der du Hürden künftig schneller und bewusster überwindest.
Als ich bereit war, meine Gefühlsverkettungen zu erkennen und das Leben so zu nehmen, wie es ist, gelang es mir, die negativen Emotionen, die in der Vergangenheit entstanden waren, auszusortieren. Vieles war mir nicht bewusst, traumatische Erfahrungen waren in mir gespeichert, die ich damals nicht verstand, mit denen ich nicht umgehen konnte. Heute kann ich die Scherben meiner Vergangenheit in mir aufsammeln und zu einem neuen Gefühl formen.

SOBALD DU IN DEMUT DUNKLE ZEITEN HINTER DIR GELASSEN HAST, SIEHST DU SOGAR IM TIEFSTEN TAL IMMER NOCH DAS LICHT DES LEBENS.

„EIN VERSCHLOSSENER GEIST IST IMMER AUF WEGWEISER ANGEWIESEN, DAMIT ER AN EIN ZIEL KOMMT. EIN AUFGESCHLOSSENER DAGEGEN TRÄGT SEINEN WEG IN SICH, HINTERFRAGT UND ÜBERNIMMT VERANTWORTUNG, DAMIT ER AN SEIN ZIEL KOMMT.“

Kapitel

10

EIGENVERANTWORTUNG

Schon in der Kindheit trieb man uns in die Abhängigkeit. Da wir nie gelernt haben, Verantwortung zu übernehmen, klammert sich unser Ego an Modelle wie Religion oder Spiritualität.

DIE REDE IST VON VERANTWORTUNG FÜR UNSER LEBEN, FÜR JEDE EMOTION UND SITUATION.

Ich bin überzeugt, dass jedes Gefühl in mir einen Ursprung hat. Nichts passiert zufällig, alles soll so sein, wie es ist. Verantwortung zu übernehmen bedeutet, in sich hinein zu spüren und zu erkennen, dass durch alles, was wir ins uns tragen, die meisten Situationen erst entstehen.
Ja, auch ich habe viel und lange gelitten, nicht nur durch Situationen, sondern durch mich, wegen meines konditionierten Ichs. Schicksals-

schläge ereigneten sich in der Vergangenheit, ich kann sie nicht mehr ändern. Aber ich kann hier und heute entscheiden, wie ich ihnen begegne. Niemand sagt, das sei leicht. Zu wissen, dass es ist, wie es ist, und ich daran nichts ändern kann, gibt mir das Recht, zu entscheiden, wie ich mit Emotionen umgehen möchte.

Viele Menschen erzählen mir von ihren Sorgen. Sie berichten davon, wie sie leiden. Da die Ursache dafür in der Vergangenheit liegt, glauben sie, daran nichts mehr ändern zu können.

Viele Freunde wurden religiös. Damit geben sie ihre Verantwortung ab, sie legen ihre Lebensaufgabe in die Hände einer unbekannten Macht. Mit der Zeit habe ich ein Gespür dafür entwickelt, warum ein Mensch leidet. Meist leidet er nicht aufgrund eines Schicksalsschlags, sondern weil er nicht weiß, wie er damit umgehen soll. Er vertagt die Heilung. Er ist so verzweifelt und in seinem Schmerz gefangen, dass er kein Licht am Ende des Tunnels sieht. Nichts verschafft seiner gepeinigten Seele Erleichterung, außer dem Gedanken, dass es etwas gibt, dass ihn befreit: die Religion. Andere entscheiden sich für einen Coach.

Sich selbst zu hinterfragen ist ein langer und schmerzhafter Prozess. Man übernimmt für jedes Gefühl Verantwortung und stellt sich seiner inneren Welt. Je mehr Aufmerksamkeit ich mir selbst schenkte, umso schlüssiger fühlte sich alles an. Irgendwann erkannte ich die Zusammenhänge. Nun passten alle Puzzleteile perfekt zusammen. Viele mögen es nicht verstehen, doch beginnt man damit, Verantwortung zu tragen, sprich, genau hinzuschauen, wird man fündig. Man tappt nicht länger im Dunkeln.

Auf einmal ergibt jede Emotion in mir, jede traumatische Erfahrung Sinn. Es fühlt sich richtig und gesund an, sie zu betrachten, und nicht die Schuld auf andere zu schieben. Ja, es gibt extreme Beispiele. Sie haben jedoch eine Ursache, auch wenn wir sie noch nicht kennen. Nur weil sie sich uns nicht gleich erschließt, bedeutet es nicht, dass es keine Ursache gibt.

So viele sprechen davon, dass alles eins ist, dass wir verbunden sind, dass es keine Zufälle gibt. Karma und was es noch so alles gibt. Wird das Leben jedoch schwierig, zerfressen Situationen uns innerlich, überwältigt uns dies. Wir wissen nicht, damit umzugehen – und verlieren den Glauben an uns selbst. Niemand erwartet, dass du wie eine Maschine funktionierst. Dein Leben und alles, was dir widerfahren ist, hat einen Grund.

PFLEGE EINE ENGE VERBINDUNG MIT DIR SELBST!

Auch ich bin noch lange nicht am Ende meiner Reise angelangt – so es überhaupt ein Ende gibt. Aber ich habe vergeben, allem, was mir widerfahren ist, jedem, der mir geschadet hat. Durch mein Hinterfragen und Hineinspüren schuf ich mir einen Raum, in dem ich mich nicht mehr an den Schmerz klammere, sondern erkenne, welche blinden Flecken es außerdem in mir gibt und welche Glaubensmuster ich noch anwende. Diese Muster werde ich so lange anwenden, bis ich anfange, mich von ihnen endlich zu befreien und ein selbstbestimmtes Leben zu führen.

Du bist für dein Leben, aber auch für deinen Umgang mit äußeren Einflüssen und deren Verarbeitung verantwortlich. Natürlich tragen wir keine Verantwortung für die Taten, die andere an uns begehen. Aber wir sind verantwortlich dafür, wie wir in Zukunft damit leben.

„ES IST EIN IRRGLAUBE, DASS DU IRGENDETWAS ERREICHEN, IRGENDETWAS AN DEINER SITUATION VERÄNDERN MUSST. DU DARFST ERKENNEN, DASS DU EINE GABE HAST UND DIE WILL GELEBT WERDEN. LEBST DU SIE, HAST DU ALLES, WAS DU BRAUCHST, UM VOLLER LIEBE DEINEN WEG ZU GEHEN.“

Kapitel
11

DEINE BESTIMMUNG

Deine Bestimmung ist es, du selbst zu sein!
Du wurdest oft ausgenutzt, verletzt, betrogen, angelogen – mit dir kann man es ja machen. Du batest Freunde um ihren Rat, und die wollten dir weismachen, dass du zu emotional bist.

„DU BIST ZU NETT, ZU GUTMÜTIG. FANG DOCH MAL AN, AUF DICH ZU SCHAUEN, UND ARBEITE AN DEINER SELBSTLIEBE."

Lass dir eines gesagt sein: Du bist weder zu emotional noch zu sensibel oder dergleichen. Du bist genau richtig, so wie du bist, in jeder Hinsicht. Jedoch solltest du dir anschauen, wie es dazu kommt, dass andere dich als zu emotional einstufen.
Seit deiner Jugend bist du empathisch. Du verstehst es, aufzuzeigen, wo es hakt, du bist ein

Meister darin, andere zu verstehen. Jedem, der leidet, stehst du bei. Du opferst dich regelrecht auf. Du kannst Gefühle so gut nachvollziehen, dass du in die Welt deines Gegenübers eintauchst, um ihm Last von den Schultern zu nehmen. All das sind Fähigkeiten und Impulse, an denen du deinen Wesenskern erkennen kannst.

In unserer Gesellschaft wird jeder gleich bemessen, für „Sonderlinge" ist da kein Platz. Sie sind anders, ungewöhnlich, unangepasst, weichen von der Norm ab. Sie sind zu emotional, „Weicheier", mit ihnen stimmt etwas nicht.

Doch lass dir gesagt sein, ein „Sonderling" zu sein, ist deine Bestimmung!

Du musst nicht an deiner Selbstliebe arbeiten. Du musst auch nicht mehr auf dich achten. Ebenso musst du nicht lernen, denn du bist bereits vollkommen. Gedanken darüber, wie du egoistischer und achtvoller mit dir umgehst, entstammen einer Prägung: einer schmerzlichen Erfahrung. Wir können lernen, einen liebevollen Umgang mit uns selbst zu pflegen, und wir können ergründen, was uns daran hindert, Liebe anzunehmen. Stets kommt dein Wesenskern zum Ausdruck. Dessen Impulse zu unterdrücken, um der Norm zu entsprechen, brächte dich von deiner Selbstliebe eher weg als zu ihr hin.

Doch es bleibt ein fader Beigeschmack: Nutzen viele deine Gutmütigkeit und Herzenswärme aus und nähren sich von deiner liebevollen Energie?

SIND WIR ENERGIEFRESSERN HILFLOS AUSGELIEFERT?

Du warst dir gar nicht bewusst, dass Empathie eine Gabe ist. Zwar lebtest du die Impulse deiner Gabe aus, warst dir aber nicht bewusst, dass Empathie deine Bestimmung ist.
Wenn also sich dein Verstand durch Gedanken wie „Der nutzt mich aus, ich sollte lieber auf mich achten, ich sollte mich selbst lieben, nicht nur die Anderen" bemerkbar macht, liegt das daran, dass du deine Bestimmung nicht kennst und deshalb an deinem Selbstwert zweifelst. Du kannst auch weiterhin den Energiefressern die Schuld geben, doch dann bleibt der Gedanke, dass du von ihnen ausgelutscht wirst, auf ewig in deinem Inneren haften.
Wenn du dir deiner Bestimmung bewusst bist, sie als Gabe oder als Erfahrung erkennst, die deine Seele machen will, dann hast du keine solchen Gedanken. Du bist in deiner Mitte verankert und liebst bedingungslos. Wie ein Schiff, das seinen Kurs kennt, weichst du von deinem Empfinden

nicht ab. Bist du dir deiner Gabe bewusst, lebst du also deine Bestimmung, dann liebst du dich selbst und niemand vermag es, dich ausnutzen oder zu verletzen.

Ein klares Bewusstsein weist dir den Weg, deine Gabe findet ihren Wirkungsbereich; sie wird nicht länger verkannt. Nun ziehst du andere Menschen an. Als du deine Bestimmung noch nicht kanntest, zogst du Erfahrungen und Menschen an, die dir deine Unklarheit spiegelten.

Doch nun bist du verwurzelt. Du trägst den Samen der Klarheit in dir. Er erzeugt in deinem Herzen ganz andere Schwingungen. Natürlich nimmt dein Gegenüber sie wahr. Es beginnt, dich zu respektieren, und spürt, dass du bei dir bist, in deiner ganzen Kraft und Liebe.

In diesem Kapitel ging es um Empathie, jedoch ist das Prinzip, die Ergründung deiner Bestimmung, immer dasselbe. Höre deiner Seele zu, sie spricht schon seit vielen Jahren zu dir. Darüber, wie du mit Menschen kommunizierst, welche Situation entstehen und über die Momente, in denen du dich lebendig fühlst. Die Erfahrungen, die du tagtäglich machst, wollen dich auf etwas aufmerksam machen: „Hey, hier gehörst du hin!"

So viele schöne Seelen wandelten schon auf dieser Erde und erkannten ihre wahre Bestimmung nicht. Ich wünsche euch den Mut, in euer Innerstes zu blicken, und das Vertrauen, eurer Herzensenergie, zu folgen. Auf dass die Liebe sich entfalten kann.

„FÜHLT ES SICH AUSSCHLIEẞLICH STEINIG AN, DEN WEG ZU GEHEN, IST ES VIELLEICHT NICHT DEIN WEG, DENN DEINE SEELE HAT BESTIMMTES FÜR DICH VORGESEHEN.“

Kapitel
12

ERFAHRUNGEN ALS SEELENNAHRUNG

Ist dir bewusst, dass Gedanken wie „Ich gehöre hier nicht hin", „Mich langweilt alles", „Ich fühle mich unterfordert" und „Wozu bin ich überhaupt noch hier?" mit deinem Leben nichts zu tun haben?

Ich kann nur von mir sprechen und möchte auch keine wissenschaftlichen oder spirituellen Theorien aufstellen. Aber als sich mein Blickwinkel veränderte, erkannte ich den Grund für meine mangelnde Lebenslust.

Ich konnte nachvollziehen, warum andere ein auffälliges Verhalten zeigten oder als verrückt abgestempelt wurden.

Schon in der Schule fühlte ich mich unterfordert und war fehl am Platz. Als Jugendlicher hinterfragt man so etwas nicht, sondern versucht, sich anzupassen oder, wie ich, aufzufallen, um gesehen zu werden, um sich ansatzweise lebendig zu fühlen.

Ich wusste nicht, was ich nach der Schule machen will, und taumelte ins Berufsleben. Seitdem halte ich es nie lange an einem Ort aus, ich vollzog diverse berufliche Wechsel. Meist langweile ich mich schon nach wenigen Monaten wieder.

In diesem System funktionierte ich – und verlor mein Lebensgefühl beziehungsweise Prana. In meiner Freizeit war ich so ausgelaugt und energetisch down, dass ich mich zurückzog. Ich wurde süchtig danach, in meiner Freizeit aufzutanken. Aber eigentlich vegetierte ich nur vor mich hin. Ich war orientierungslos.

Irgendwann kam ich an den Punkt, an dem ich nicht mehr konnte. Ich sagte zu mir: „Es reicht, ich möchte endlich etwas finden, was für mich taugt, in dem ich mich aufgehoben fühle."

Ich kündigte meinen Job und ging auf meine Selbstfindungsreise. Je mehr ich mich mit mir auseinandersetzte, desto klarer wurde das Bild von mir, wie ich wirklich bin.

Heute bin ich überzeugt, dass jede Seele mit einer Bestimmung inkarniert oder gewisse Erfahrungen machen will. Solange ich versuchte, zu funktionieren oder etwas zu tun, nur um Geld zu verdienen und meine Wohnung zu finanzieren, machte sich mein Innerstes bemerkbar.

Mit Krankheit, Lustlosigkeit und Erschöpfung signalisierte meine Seele mir: „Junge wach auf, dies ist nicht dein Weg."
Stellt euch vor, ihr wärt in einem früheren Leben ein Künstler gewesen, der sein Leben dem Malen verschrieben hat, oder ein König, der über Tausende von Menschen regiert.
Wie würde sich ein Mensch fühlen, dessen Seele solche Erfahrungen gemacht hat, und der den ganzen Tag Böden schrubbt und Teller wäscht? Er würde sich fehl am Platz fühlen. (Generell ist das ganze Arbeitssystem der menschlichen Natürlichkeit entfremdet.)
Je höriger ich wurde, umso stärker fühlte ich mich zu etwas hingezogen. In bestimmten Filmen fühlte ich eine Verbindung, an Orten, an denen ich nie gewesen war, fand ich Heimat. Ich wusste Antworten auf Fragen, mit denen ich mich nie zuvor beschäftigt hatte. Energetische Signale lösten in mir Euphorie und Lebenslust aus – solche Erfahrungen möchte die Seele machen.
Gehe dem nach, was dir ein Lächeln ins Gesicht zaubert, was dein Herz höherschlagen lässt. Höre auf, Kompromisse zu machen, egal, wie schwer die Konsequenzen sein mögen. Jede Entscheidung, die du nicht für dich triffst, ist ein Freifahrtschein in die Sinnlosigkeit. Damit verneinst du deine Bestimmung.

Du sollst deine Bestimmung ergründen, no matter what, ansonsten verschwendest du deine Zeit und lebst nicht für dich, sondern für andere.
Die neue Lebenslust ist wie Magie, sie heilt dich von Krankheiten, befreit dich von Ängsten, verleiht dir Stärke.
Jeder Schritt, der zu dir passt, bringt dich näher zu dem Gefühl, dass du glücklich und bei dir angekommen bist. Egal, in welchen Umständen du gerade lebst.
Es sind die uns auferlegten Rollen, die wir versuchen, aufrechtzuerhalten. Sie unterdrücken unser Lebensgefühl. Haben wir uns von ihnen befreit, identifizieren wir uns nicht länger mit unserer Prägung und können uns frei entfalten.
Erkenne, dass deine Seele bereits einen Weg für dich vorgesehen hat. Deine Seele braucht wie dein Körper Nahrung.
Diese Nahrung sind deine Erfahrungen, dein Leben, in dem du dich lebendig fühlst. Werde dir darüber bewusst, dann hörst du auf zu jammern, dass alles „scheiße" sei und du dich fehl am Platz fühlest.
Hör auf, verbittert durch die Gegend zu laufen, und nimm das Geschenk, dein Leben, als ein solches an.

„DAS EINZIGE,
WAS MICH NOCH
KLEINKRIEGT,
BIN ICH SELBST!“

Kapitel
13

ACHTSAME KOMMUNIKATION

Die Kommunikation mit dir selbst ist ausschlaggebender, als du denkst!
Lässt du dich von banalen Situationen negativ beeinflussen? Lässt du dich auf einen Krieg mit deinem Inneren ein, der Zerstörung und Verwüstung hinterlässt, bis dein Vertrauen in die Menschen komplett erloschen ist? Hast du kaum Geduld, reagierst schnell persönlich, bist gereizt und nicht mehr willens, dich auf Diskussionen einzulassen, gar offen durchs Leben zu gehen? Hast du das Gefühl, immer weiter in deine Welt abzudriften und den Glauben an das Gute zu verlieren?
Dann werde zum Beobachter der Situation! Begegne Licht oder Schatten nicht wertend! Höre genau zu! Dann wirst du gelassener und entspannter mit dir und deinen Mitmenschen. Der

Krieg, der im Außen stattfindet, ist nicht mehr länger deiner.

Lass dich einmal auf ein Gedankenexperiment ein. Damit holst du dir die Leichtigkeit des Seins zurück.

1. Alles hat seinen Grund. Die Ursache zu ergründen, liefert Erkenntnisse, die dir aufzeigen, welches Zusammenspiel zur Wirkung geführt hat.
2. Hättest du noch einen Tag zu leben, würdest du dich dann noch quälen und dich mit der Situation identifizieren?
3. Du hast niemals die Kontrolle. Also lehne dich zurück und genieße die Show.
4. Liebst du dich selbst, dann weißt du, wie schädlich unnötige Dramen sind.
5. Du hast bereits so viele Schlachten geschlagen und innere Kriege gemeistert. Du bist stark, zweifle nie an dir.
6. Kennst du deinen Wert, ist es egal, was andere über dich sagen oder denken. Du bleibst bei dir und hast es nicht nötig, dich zu rechtfertigen.
7. Aufgrund traumatischer Erlebnisse in der Vergangenheit projizieren wir unseren Schmerz oft auf Neues. Im Jetzt gibt es kein

Drama, das Neue holt den alten Schmerz wieder hoch.

8. Dein Krieg im Inneren führt dazu, dass du bei dem Krieg im Außen mitwirken willst. Wäre es nicht so, würde er dich nicht jucken.
9. Bist du in diesem Moment bei dir oder, wie sonst auch, im Kopf?
10. Was geschieht in dir, wenn du dich getriggert fühlst? Dies will dir etwas sagen, dich darauf hinweisen, dass du endlich in Heilung gehen darfst!

Es ist nie nur die Situation, die dir zu schaffen macht, sondern auch deine geistige Haltung zu den Gegebenheiten, die auf dich einwirken, und der Widerstand, den du den Gegebenheiten entgegenstellst. Der Widerstand ist das starke Bedürfnis, aktiv zu werden. Du kannst die Situation nicht annehmen und erzeugst dadurch ein inneres Feld aus Wut, Angst, Frustration und Panik. Widerstand ist niemals nützlich, außer du nimmst ihn als Zeichen, das dir aufzeigt, wogegen du dich auflehnst und was es in dir verursacht.
Es ist wichtig, zu verstehen, dass, sobald du etwas ablehnst und Widerstand entwickelst, die Bedingungen begünstigst und in dir den Nährboden anlegst, dich von jeglicher Natürlichkeit zu verabschieden. Wer ist widerständig? Wer fühlt sich

getriggert? Wer will die Situation verändern? Richtig, dein Ego!
Obwohl mittlerweile viele wissen sollten, dass Veränderung nur von innen nach außen stattfinden kann, sind einige immer noch davon überzeugt, dass sie für Veränderungen in den Krieg ziehen müssen. Dabei ist das Außen lediglich eine Reflexion der inneren Welt: Sie spiegelt alle wirkenden Individuen wider.
Natürlich ist noch kein Meister vom Himmel gefallen. Auch mag es eine Lebensaufgabe bleiben, sich weiterzuentwickeln. Doch schon den Blickwinkel zu verändern, zuerst auf dich zu achten, anstatt mit dem Finger auf andere zu zeigen, ermöglicht es dir, friedlich und harmonisch neue Wege zu beschreiten. Ungeachtet dessen, was ist und was noch kommen mag: Von dir hängt es ab, ob du dich in die Situation ziehen lässt oder bei dir bleibst.

„DAS ALLES KLINGT ZWAR SCHÖN UND LEICHT. ABER DIE REALITÄT SIEHT DOCH ANDERS AUS."

Von „leicht" war nie die Rede, doch es ist wichtig, für die innere Welt Verantwortung zu tragen. Ich habe die Wahl, zu entscheiden, wie ich dem, was

mir passiert ist, in diesem Moment begegne. Ich kann über alles entscheiden, was noch kommen mag. Selbst skeptisch lebt es sich widerständig, wenn auch nur zwischen den Zeilen. Ein Mensch, der die Realität schwer findet, kann und will sich nicht auf eine andere Sicht der Dinge einlassen. Er empfindet Widerstand und verteidigt seine Realität, in der alles schwer und er das Opfer ist.
Es geht darum, zu erkennen, dass es weder Opfer noch Täter gibt, lediglich Ursache und Wirkung. Wir können Abstand zu unseren Emotionen gewinnen, indem wir aus dem Bewusstsein unseres wahren Selbst heraus beobachten. Andernfalls ist unsere Sicht von dem Ego infiltriert, das eine emotionale Geschichte erzeugt und am Leid festhält.
Natürlich können Situationen entstehen, in denen man sich verteidigen muss. Aber aus einer neutralen Perspektive heraus, lässt sich darauf besser reagieren.
Schmerz ist neutral, Leid immer selbst gemacht. Erheben wir uns und geben dem Leben endlich Würze. Seien wir unser eigener Schöpfer. Sobald wir auf die Kommunikation mit uns selbst achten, wird das Leben uns achten!

„DIE FASZINATION DES LEBENS LÄSST SICH WIEDER IN UNSEREN ALLTAG INTEGRIEREN, SOBALD WIR DER WELT OFFEN STATT ÜBERSÄTTIGT ENTGEGENTRETEN.“

Kapitel

14

ÖFFNE DEINE AUGEN

In dem Film „Der letzte Samurai" gibt es einen wundervollen Ausspruch; er fasziniert mich immer wieder neu: Man könne sein ganzes Leben damit verbringen, nach der perfekten Blüte zu suchen, und es wäre kein verschwendetes Leben. Nun, jeder interpretiert in das Zitat etwas anderes hinein. Ich lese darin eine tiefgründige Betrachtung dazu, wie wir durchs Leben gehen.
Als wir Kinder waren, war jeder Moment neu, aufregend, faszinierend. Wir fielen abends ins Bett und nahmen all die neuen Eindrücke mit in unsere Träume. Das Leben war aufregend und wir voller Lebenslust und Tatendrang.

DOCH WAS HAT SICH VERÄNDERT?

Als Erwachsene haben wir so vieles gesehen und sind so gesättigt – nicht von dem, was uns das Leben zu bieten hat, sondern vom Festsitzen im Alltagstrott. Viele von uns sind festgefahren: immer dieselben beruflichen Tätigkeiten, die gleichen Hobbys, dieselben vier Wände. Unsere Faszination lässt nach, weil wir unsern Geist nicht mehr mit neuen Erlebnissen füttern.

Nehmen wir das Zitat: Es liegt an uns, was wir aus unserem Leben machen!

Wir könnten danach streben, immer wieder Neues zu erleben, auf eine Weltreise gehen, uns jeden Tag neuen Herausforderungen stellen – das ist bestimmt ratsam. Doch wir müssen nicht, man kann nicht immer ausbrechen, schließlich hat man Verpflichtungen.

Es gibt keine „perfekte Blüte". Wir könnten unser Leben lang einen Baum und seine Knospen studieren, wir entdeckten immer wieder Neues, je nachdem, wie wir ihn betrachten. Die Betrachtungsweise hängt niemals vom Objekt ab, sondern immer von deinem Geist, und den kannst du durch Achtsamkeit darauf trainieren, bewusst durchs Leben zu gehen.

Ihr kennt vielleicht das Gefühl, dass die Zeit verrinnt und ihr nicht merkt, was in den letzten Minuten passiert ist. Wie bei einer langen Autofahrt schaltest du den Autopiloten an, dein Unterbewusstsein übernimmt die Führung. Dabei entgeht uns das Leben. Jeder Moment ist so wertvoll und das Leben zu kurz, um es wie ferngesteuert an uns vorbeiziehen zu lassen. Schenke dem Leben, deinem Leben, das dir geschenkt wurde, wieder Aufmerksamkeit. Du wirst so viel Schönes darin entdecken, dass du dich vor Euphorie nicht mehr wirst bändigen können.

Ich erinnere mich noch genau daran, als ich nach langer Zeit zum ersten Mal wieder die Augen öffnete. Ich lag auf einer Blumenwiese und las ein Buch, das ich beiseitelegte, um den Moment wahrzunehmen, der so intensiv war, als schaute ich einen Film. Der Duft der Wiese, das Summen der Bienen, der Wind in meinem Haar, der blaue Himmel, alles war so unbeschreiblich intensiv, dass ich voller Freude war. Ich hatte wieder das Gefühl, am Leben zu sein!

Es liegt an dir, ob du deine Umgebung offen betrachtest oder die Augen vor ihr verschließt, weil du gesättigt bist. Wenn du absolut präsent bist, findest du in allem, was du tust, etwas, das dir nicht bewusst war, selbst wenn du dein Tun bereits seit Jahren ausübst.

SCHÖNHEIT LIEGT IM AUGE DES BETRACHTERS. DU ENTSCHEIDEST, WIE DU DIE DINGE BETRACHTEN WILLST.

Wie oft nahm ich einen bestimmten Waldweg, dennoch war ich jedes Mal fasziniert. So viel Tiefe liegt in jedem Moment, dass er sich in Gänze nie ganz erfassen lässt.
Öffne wieder deine Augen. Gib dich nicht länger der Belanglosigkeit hin. Jeder Moment kann etwas Besonderes sein, wenn du ihn mit den Augen eines Kindes zu erfassen suchst. Für Kinder ist jeder Moment einzigartig und von unglaublicher Schönheit – kannst du dich erinnern?
Das Leben schenkt dir tagtäglich Wunder. Sei bereit, sie zu erkennen. Auf dass auch du wieder abends in dein Bett fällst und Stoff für Träume hast. Möge auch dein weiterer Weg auf Erden mit Lebenslust erfüllt sein.

„IN EINER FREUNDSCHAFT ODER BEZIEHUNG SOLLTE AUF BEIDEN SEITEN WERTSCHÄTZUNG VORHANDEN SEIN, DENN SICH AUFZUOPFERN IST KEINE HELDENTAT.“

Kapitel
15

WERTSCHÄTZUNG

Menschen, die du um Aufmerksamkeit und Wertschätzung bitten musst, sei es in einer Freundschaft oder Beziehung, kannst du aus deinem Leben streichen.
Solche Menschen stehen gern im Mittelpunkt. Sie sind es gewohnt, von anderen angehimmelt zu werden. Ihre Maske haben sie perfektioniert und stellen sich in ganzer Pracht zur Schau – was allein ihrem eigenen Zweck dient. Sie sehen dich nicht als gleichwertig an, sondern als Bettler, der dankbar sein darf, dass er an ihrem Tisch sitzen darf. Sie geben dir nur dann Zeit, wenn sie davon etwas haben, sie bereichern sich an deiner Liebe und geben dir das Gefühl von Nähe – nur so viel, dass du bei ihnen bleibst, nicht mehr und nicht weniger. Sie wissen nicht, wie es ist, allein da zu stehen und können sich nicht in dich hineinversetzen. Wie wichtig es ist, jemanden zu schätzen, auch das wissen sie nicht, weil sie so gesättigt wie

ein kleines Kind sind, das mit Geschenken überhäuft wird.
Du kannst mit ihnen nicht darüber reden, weil sie das Problem nicht erkennen und dich dann meist angreifen. Sie ziehen dich auf ihr Niveau herunter und schlagen dich dort mit ihren Waffen: Argumenten. Du seist es, der das Problem habe, weil du immer ein Drama veranstalten würdest. Sie legen dein Bedürfnis nach Wertschätzung negativ aus. Opfere keine weitere Sekunde, keine Energie, frage dich lieber, warum du dir das antust. Machst du dich gern klein? Spielst du gern Spielchen und manipulierst andere?
Man fühlt sich zu extrovertierten Persönlichkeiten hingezogen, weil sie etwas verkörpern und sich von allem anderen abheben. Sie sind sie nur Meister im Schauspiel. Vielleicht denkst du, mit der Zeit erkennt die Person meinen Wert, aber sie wird und kann sich nicht ändern. Warum auch, wenn die Welt in ihren Augen stimmig ist. Warte nicht darauf, dass sie sich dir aus freien Stücken zuwenden und dir bedingungslos etwas geben. Du wartest vergeblich.
Warum tun wir uns das an? Fühlen wir uns so wertlos, dass wir glauben, dass unsere emotionalen Geschenke die Zeit und Mühe wert ist?

Ein Mensch, der dich als liebevolles Lebewesen wahrnehmen kann, sieht dich, hört dir aus freien Stücken zu, schenkt dir Aufmerksamkeit und seine Liebe – kurzum: Er respektiert dich. Den anderen zu sehen bedeutet auch, sich selbst zu erkennen und sich nicht deshalb am anderen zu bereichern, weil man sich leer fühlt und unzufrieden ist.

Ein Mensch, der dich wertschätzt, gibt dir all das, was er selbst in sich trägt. Er stellt keine Erwartungen an dich. Er macht dir niemals etwas vor, sondern spielt mit offenen Karten, sodass du weißt, woran du bist. Er geht mit dir so um, wie er möchte, dass man mit ihm umgeht. Er sieht den Schmerz in deinen Augen, nimmt sich Zeit und erkennt, wie wertvoll dein Lachen und auch der Moment sind, den ihr teilt, da das Teilen von Momenten das Leben schön macht.

Solche Menschen berichten nicht nur von ihren eigenen Erlebnissen, sondern hören dir zu. Sie fragen dich, wie es dir geht, und bedanken sich für deine Freundschaft.

Doch sei einem Energievampier nicht böse, lass ihn weiterziehen, lass ihn aus Selbstschutz los. Nur so wirst du Platz für neue Menschen in deinem Leben haben. Menschen, für die du wertvoll bist. Wenn nicht beide Seiten Wertschätzung für-

einander empfinden, ist die Freundschaft oder die Beziehung nichts wert.
Aus dieser Perspektive scheint es so, als entlarve man den Schuldigen und ist selbst fein raus. Wenn wir das Bedürfnis haben, wertgeschätzt und gesehen zu werden, liegt ein Mangel vor: Der Mangel an eigener Wertschätzung!
Wie ich im Kapitel „Der Spiegel deiner Selbst" erläutert habe, ist dein Gegenüber lediglich dein Spiegel. Er zeigt dir durch sein Verhalten, durch seine verletzende Art, auf, dass du lernen darfst, deinen Wert zu erkennen.
Spüren wir selbst unseren Wert nicht, wie sollen uns andere respektieren oder uns Wertschätzung entgegenbringen? Dein Gegenüber spürt, dass er bei dir nichts zu verlieren hat, mit dir machen kann, was er will. Schließlich hast du dazu energetisch eine Einladung versendet.

Mal wieder liegt es an dir, in deine Schöpferkraft zu kommen, indem du dich von deiner Konditionierung löst und Verantwortung trägst.
Ein Mensch, der ganz bei sich ist, der seine volle Kraft spürt und sich selbst all die Liebe und Wertschätzung gibt, die er braucht, ist von der Liebe und Wertschätzung anderer nicht abhängig. Durch seine starke, selbstbewusste und zufriede-

ne Ausstrahlung lädt er niemanden ein, ihn wie einen dreckigen Lappen zu benutzen.
Begegnest du dir selbst mit Liebe und Wertschätzung, werden deine Begegnungen mit anderen Menschen von natürlicher Wertschätzung und Liebe geprägt sein!

„IM AUẞEN WIRST DU NUR
DIE WAHRHEIT DER ANDEREN
FINDEN – UND DEINE
PERSÖNLICHE ILLUSION.“

Kapitel
16

DIE WAHRHEIT

Wir rennen „Meistern" hinterher, suchen Halt in Religion oder Spiritualität.
Wir investieren all unser Energie, mobilisieren unsere ganze Aufmerksamkeit für das Außen, anstatt in uns die Wahrheit zu entdecken. Im Außen wirst du jedoch nur die Wahrheit der anderen finden.
Die einzig wahrhaftige, tiefgründige Entwicklung, wegen der du auf der Erde bist, ist dein persönlicher Entfaltungsprozess. Deine Wahrheit kann dir niemand erklären, niemand kann sie dir zeigen, niemand kann oder wird dich an der Hand nehmen und dir sagen, wieso dein Herz für etwas Bestimmtes schlägt. Nur du allein kannst dich selbst ergründen – die Tiefe deines Selbst.
Wir können Verbindungen zu jenen Menschen herstellen, die ähnliche Empfindungen pflegen, Ähnliches erlebt haben, die Zusammenhänge verstehen. Sie nehmen jedoch niemals die gleiche Schwingung wahr, die du bemerkst.

Deine persönliche Entwicklung hängt allein davon ab, inwieweit du in dich hinein zu spüren bereit bist.
Jeder deiner Gedanken, jeder Sinn ist geschärft, „geeicht" für den Rhythmus deines Herzens. Sobald du bereit bist, dich dafür zu öffnen, kennst du die Wahrheit – deine Wahrheit.
Verschließt du dich diesem Rhythmus, bist du stets im Mangel. Dann hast du das Gefühl, dass dir etwas fehlt, und du kompensierst, um die Leere in dir zu unterdrücken.
Kein Buch der Welt, kein Gespräch wird dir jemals vermitteln können, was du in dir finden wirst. Selbstfindung erfordert sehr viel Mut, Kraft, Übung, aber wenn du den Weg zum Einklang mit dir selbst gehen willst, musst du dich individuell entfalten. Sonst bist du wie eine Puppe im Schaufenster, die man immer wieder neu ausstaffiert, abhängig, Einflüssen hilflos ausgeliefert. Du reagierst, anstatt im Einklang mit deinem Herzen und in dessen Rhythmus zu leben.
Deine Wahrheit wird dir zu unbekannter Stärke verhelfen. Wie ein Baum im Walde wirst du dich verwurzeln und zuhause fühlen. Auch wenn deine Wahrheit eine Illusion ist, ist es ok, sie zu leben. Jedoch musst du wissen, dass du nichts weißt, aber einen Bezug zur absoluten Wahrheit herstellen kannst.

„GIBT ES SO ETWAS WIE DIE ABSOLUTE WAHRHEIT?"

Wir dürfen erkennen, dass der führende Geist immer seine eigene Welt erschafft und seine Wahrheit aus uns bezieht. Deine Wahrnehmung, all deine Empfindungen sind deine persönliche Illusion. Sie wird sich niemals zu hundert Prozent mit der eines anderen Individuums decken. Wahrheit ist immer relativ, insofern wir uns auf unsere Wahrnehmung beziehen.

In unserer Illusion können wir sogar Erleuchtung erfahren, Weisheit erlangen, aber eben nur in unserer Welt – auf alles trifft sie niemals zu.

Taucht der führende Geist in den Seinszustand ein und lässt von jeglicher Bewertung ab, kann er etwas wie die absolute Wahrheit erfahren. Die absolute Wahrheit ist frei von Konzepten, Widersprüchen, Fragen und Bewertungen, sie spiegelt den Fluss des Lebens wider. Im Fluss des Lebens fließt alles dahin. Unabhängig davon, ob jemand versucht, dieses Alles zu erfassen, wirken seine Gesetzmäßigkeiten.

Die absolute Wahrheit ist das „göttliche", universelle Zusammenspiel dessen, was nicht erfasst werden kann. Sobald du es mit deinem Geist erfassen willst, erschaffst du bereits eine Illusion.

Man kann sich die absolute Wahrheit so erklären: Ein Fisch, der im Fluss des Lebens schwimmt, lebt die absolute Wahrheit. Er versucht, nichts zu erfassen, nichts zu bewerten, nichts zu definieren – er lebt die Kernessenz seines Seins.

WARUM DÜRSTET ES UNS NACH WAHRHEIT, SINNHAFTIGKEIT, ERKLÄRUNG?

Ein Geist braucht Führung, Halt und Orientierung, um die Gewissheit zu haben, auf dem richtigen Weg zu sein. Welcher Geist fühlt sich auf einem falschen Weg schon wohl? Fast jeder Geist wurde darauf trainiert, durch Erkenntnisse Gewissheit zu erlangen – was den Wahn des Egos gut widerspiegelt. Was würde passieren, gäbe es keine Erklärung, keine Definition, die der absoluten Wahrheit nahe käme? Dann fiele der Geist in ein tiefes Loch und fühlte sich verloren. Genau an diesem Punkt sollten wir willens sein, in das Nichts zu springen. Das bedeutet, dass sich dem führenden Geist Orientierung offenbart, sobald wir davon ablassen, für alles eine Erklärung zu wollen.

Bevor wir bereit sind, ins Nichts zu springen, haben wir Fragen und Ängste, Konzepte und Ideen. Wir begnügen uns mit der Illusion, weil die Realität viel zu schmerzhaft ist. Nimmt man einem Gläubigen seinen Glauben, nimmt man einem Spirituellen seine Spiritualität, nimmt man einem Wissenschaftler seine Wissenschaft, bleibt nichts als eine Verwirrung, mit der nur die wenigsten wahrhaftig zurechtkommen.

Auch hierbei war ich schon immer anders: Ich stellte mir oft die Frage: Kann etwas wahrhaftig sein, wenn ich dafür Glauben, Wissen oder Konzepte brauche? Schon damals wusste ich, dass die Antwort „nein" lautete – und wagte den Sprung ins Nichts.

„ICH WEISS, DASS ICH NICHTS WEISS."
(SOKRATES)

Also glaubte ich nichts, oder ich glaubte nicht, etwas zu wissen. Dadurch konnte ich in mir Erstaunliches feststellen: Freiheit, innere Weite und eine Objektivität, die in allem das Nichts erkennt und bedingungslos akzeptiert.

Natürlich lebe ich mich meine Wahrheiten beziehungsweise meine Illusion ebenfalls aus, sonst schriebe ich ja dieses Buch nicht. Aber wie ich bereits erwähnte, ist es ok, seine Wahrheit zu leben und in die Welt zu tragen. Alles hat seine Daseinsberechtigung, dadurch können wir am Spiel des

Lebens teilnehmen. Wahrheit deutet immer auf etwas hin. Sie kann dienlich sein, will man den Sprung ins Nichts wagen.

Der feine, aber gravierende Unterschied zwischen einem Geist, der denkt, dass er weiß und einem Geist, der weiß, dass er nichts weiß, ist der zwischen Illusion und absoluter Wahrheit. So einfach ist das – und für den führenden Geist doch zu kompliziert.

Höre auf, wissen zu wollen, lass geschehen und schau, was sich daraus in dir entwickeln wird. Lass dich überraschen, denn ich kann dir nicht sagen, was auf dich zukommt, sonst übertrüge ich meine Wahrheit auf dich.

„EMPATHIE IST DIE FÄHIGKEIT, SICH IN ANDERE HINEINVERSETZEN ZU KÖNNEN, IST EINE GABE, DIE UNS AM INNEREN GESCHEHEN DES ANDEREN TEILHABEN LÄSST.“

Kapitel
17

EMPATHIE

Ich kann mich an meine frühe Kindheit nur sehr vage erinnern. Erst im späteren Verlauf meiner geistigen und körperlichen Beschwerden wurde mir bewusst, wer und was ich bin.
Mein Vater verstarb, als ich sehr jung war. Das ist einer der Hauptgründe dafür, warum ich mich so anders entwickelte. Ich war ein Aufmerksamkeitsjunkie, suchte im Außen, bei meinen Mitmenschen, nach Bestätigung. Mir fehlte die Vaterfigur, die dafür zuständig ist, dass ein Kind lernt, sich zu lieben und standhaft zu sein und ein gutes Selbstwertgefühl zu entwickeln.
Ich habe nie gelernt, mich bedingungslos zu lieben, mich zu sehen. Ich war immer auf der Jagd nach Anerkennung, um zu bekommen, was ich so vermisste. Mein Geist lernte, mit dem Gefühl der Leere umzugehen und sich in andere einzufühlen. Zur Empathie war ich bereits fähig, die

Umstände begünstigten jedoch, dass ich diese Gabe so extrem eingesetzt habe.
Damals trainierte ich unbewusst, mir vorzustellen, was ein Mensch erlebt haben muss, damit er heute der ist, der er vorgibt, zu sein. Mit einer gewissen Erfahrung beim Schauen hinter die Kulissen des Scheins („Was steckt hinter diesem Schauspieler?“) konnte ich irgendwann grob schlussfolgern, wie jener Mensch denkt und fühlt, und warum er sich verhält, wie er es tut. Meine Erfahrungen ließen mich darin mit der Zeit richtig gut werden, ich nutze meine Gabe, um mich zu profilieren, um mir das zu holen, was ich zu brauchen glaubte. Ich fand Bestätigung – durch Manipulation, Anpassung und Schauspiel.
Das mag extrem und befremdlich klingen, doch eigentlich tragen wir alle eine Maske, und zwar solange, bis wir bereit sind, sie abzulegen. Aber das sind die wenigsten.
Hinter die Kulissen zu blicken wurde über die Jahre verblüffend einfach; es gelang mir automatisch, es war wie Atmen.
Das brachte Vorteile, aber auch Nachteile mit sich.
Als mich seelische und körperliche Beschwerden quälten, mein Denken und meine Jagd nach Anerkennung mich nicht mehr befriedigten, stürzte die heile Welt, die ich mir aufgebaut hatte, in sich

zusammen. Fortan waren Depressionen, Ängste und Suchtmittel meine ständigen Begleiterinnen.
Meine Ängste zwangen mich in die Knie. Ich konnte nicht mehr unter Leute gehen, weil dann der Druck so groß wurde, dass alles in mir drohte, zu explodieren. So etwas wünscht man seinem ärgsten Feind nicht.
In dieser Zeit zog ich mich sehr zurück. Ich schottete mich nicht nur von der Außenwelt, sondern auch von meinen Gefühlen ab. Irgendwann konnte ich mich nicht mehr vor mir selbst verstecken. Ich gelangte an einen Punkt in meinem Leben, an dem ich realisierte, dass niemand kommen würde, der mich rettete – also begab ich mich auf meine Reise.
Zuerst suchte ich im Außen, bis ich meine Aufmerksamkeit ins Innere lenkte. Ich begann, mich für meine wahren Gefühle zu interessieren, ich forschte, las Bücher. Vieles erschien mir sofort logisch zu sein und fühlte sich richtig an. Doch erst, als ich lernte, mich von meinem alten Ich (Ego) zu lösen, fiel alles von mir ab, die ganze Hülle; jede einzelne Maske hatte keine Bedeutung mehr. Ich erinnere mich an das Gefühl, als hätte ich es gestern empfunden. Ich lag auf einer Wiese und mich durchströmte das Gefühl, endlich zuhause zu sein. Von da an ging ich noch tiefer in mich;

ich deutete meine Fähigkeiten, die ich jahrelang als schlecht befunden hatte, um: Nun waren sie etwas Gutes.

„Du bist zu emotional, du darfst so nicht sein. Warum bist du so komisch?“, hörte ich die Menschen sagen. Irgendwann glaubte ich ihnen.

Nein, die Fähigkeit, sich in andere einzufühlen, ist nichts Schlechtes. Setzt man sie richtig ein, kann sie unglaublich wundervoll sein. In der Gesellschaft haben empathische Menschen einfach keinen Platz, zumindest gibt es für sie keine Strukturen. Solche Menschen verlieren sich – bis sie irgendwann erwachen.
Heute empfinde ich für mich und meine Mitmenschen tiefes Verständnis, für ihre Lebensumstände, ihre Gefühle, ihre Meinungen, Einstellungen und Haltungen und auch für ihre Erfahrungen. Wenn ein Mensch dich nervt, du das Gefühl hast, ihr seid nicht auf einer Wellenlänge („die Chemie stimmt nicht“) oder du eine Meinung als persönlichen Angriff empfindest, hat das mehr mit dir als mit deinem Gegenüber zu tun.
Mir geht es heute nicht mehr darum, meine Fähigkeit zu sehen, sondern um das Erkennen, wer wir sind. Darin erkenne ich mich selbst.
Fast jeder ist empathisch. Jeder hat ein Gespür

dafür, wie sich jemand fühlt, und warum die Situation so ist, wie sie ist.
Unsere Masken verdecken, was in uns schlummert. Aber warum setzen wir sie weiterhin auf? Aus Angst vor Intimität, aus Sorge, dass jemand unsere Verletzlichkeit erkennen könnte. Diese Angst blockiert jedoch alles Wahrhaftige in uns.
Wichtig ist, was wir aus dem Moment machen, und dass wir in der Tiefe erkennen und Respekt für jedes Lebewesen empfinden.

„WAS IST IN DIESEM MENSCHEN VORGEGANGEN, DASS ER SO IST, WIE ER IST?"

Diese Frage stelle ich mir bis heute, sie hält mich in der Balance zwischen mir und dem Außen, sodass ich jedem vom ersten Moment an offen und wertschätzend begegnen kann.

„ICH SEHE DICH, DADURCH SEHE ICH MICH."

Im Kern sind wir alle eins, haben den gleichen Ursprung – nur unsere Erfahrungen und Prägungen sind andere.
Sobald wir dazu bereit sind, unsere Wahrheit und unsere persönlichen Empfindungen vom ersten

Moment des Kennenlernens hintanzustellen und unmittelbar zu reagieren, geben wir unserem Gegenüber den Raum, sich zu entfalten. Deine Bereitschaft versetzt dich in die Lage, zwischen den Zeilen zu lesen. Du erkennst, dass hinter den Worten und Gefühlsausbrüchen deines Gegenübers ganz etwas anderes steckt, als du erst angenommen hast. Deine bedachte und respektvolle Haltung öffnet den Kanal für die bedingungslose Liebe, eine Liebe, mit der sich deine Gegenüber angenommen und verstanden fühlen.
Dieses Zusammenspiel aus Haltung und Liebe eröffnet einen „heiligen" Raum, in dem jeder so sein darf, wie er ist. In diesem Raum gewinnen wir einschneidende Erkenntnisse über unsere Mitmenschen und uns selbst. Jede Perspektive, jede Wahrheit ist subjektiv und lediglich deine Illusion – sie hat ihre Daseinsberechtigung.

„EMPATHIE MUSS KEINE BÜRDE SEIN, WENN MAN LERNT, IN SEINER ENERGIE ZU BLEIBEN. SIE IST EINE GABE, DIE SICH ENTFALTEN WILL.“

Kapitel

18

MITGEFÜHL ODER MITLEID

Für empathische Menschen ist es oft so, als trüge man eine schwere Bürde. Sie fühlen intensiver, können sich in ihr Gegenüber hineinversetzen. Schnell sind sie dann „überladen“, saugen unbewusst fremde Energien ungefiltert auf und verlieren sich im anderen. Sie fühlen sich, als wären sie von Energiefressern umgeben, und sie werden öfters von Menschen missbraucht.
Viele meiden aufgrund der Nebenwirkungen der Empathie intime Beziehungen, haben nur wenige Freunde und verspüren selten das Bedürfnis, in der Öffentlichkeit etwas zu unternehmen.

EMPATHIE IST SEGEN UND FLUCH ZUGLEICH.

Ein unbewusst empathischer Mensch ist sich seiner selbst nicht bewusst; er hat seine Fähigkeit nicht als seine Gabe erkannt. Mit seinem Ego ist er identifiziert und dies erzeugt Begünstigungen (siehe die vorherigen Kapitel). Das bedeutet, dass empathische Menschen unbewusst andere einladen, uns an den Punkten zu treffen, an denen wir uns verletzlich fühlen.

Ist euch noch nie aufgefallen, dass ihr immer wieder dieselben Erfahrungen macht? Das Menschen euch ausnutzen und ihr an Narzissten und Energiefresser geratet, obwohl ihr so ganz anders seid? Natürlich fällt es euch auf – doch ihr gebt den anderen die Schuld: „Die Welt ist grausam. Menschen sind abgrundtief böse. Immer werde ich ausgenutzt und verarscht, für ihre Zwecke missbraucht."

Aber die Welt ist nicht grausam, sie ist weder böse noch gut. Wir selbst erschaffen unsere Realität, und zwar anhand der Art, wie wir mit uns selbst kommunizieren: von innen nach außen. Also sollten wir den Blickwinkel ändern und die Schuld nicht bei anderen suchen. Wir dürfen erkennen, dass wir unseren natürlichen Selbstwert wieder aktivieren und Selbstliebe leben können. Wir haben nie gelernt, was es heißt, empathisch zu sein; nie wurde uns der Umgang damit gelehrt. Entscheidend ist es, zu lernen, bei sich zu

bleiben, damit wir zentriert und fokussiert reagieren können.
Als empathischer Mensch tendiert man dazu, sich im anderen zu verlieren. Dessen Schmerz empfindet man so intensiv und real, dass er zum eigenen wird. Man fühlt mit – und hat Mitleid.
Der erlernte, bewusste Umgang mit der Gabe erlaubt es uns, tief in die Welt des anderen einzutauchen, ohne dass wir uns dabei verlieren. Mit ihr können wir zwar mitfühlen, aber uns auch entscheiden, nicht mitzuleiden. Ausschlaggebend ist, dass die energetische Wolke nun durch uns hindurchzieht und nicht in unserem System hängen bleibt. Wir sind in der Lage, bei uns zu bleiben, erschaffen aber dennoch für unser Gegenüber ein Umfeld aus Vertrauen und Geborgenheit.
Im Grunde leidet ein empathischer Mensch mit, weil sein Gegenüber ihm den Schmerz spiegelt, den er selbst in sich trägt. Mitleid bedeutet, sich mit dem Schmerz zu identifizieren. Empathie ist solch ein kostbares Geschenk! Sie bereichert diese Welt, doch will der Umgang mit ihr erlernt sein, um verlorenen Seelen Liebe spenden und Luft zum Atmen geben zu können.
Hat sich seine Gabe erst entfaltet, will der empathische Mensch nicht mit mehr mitleiden – und es entstehen besondere Momente. Im Endeffekt

möchte doch niemand Mitleid, wenn er sich dir anvertraut. Ohne Mitleid bewegt man sich auf einer kommunikativ klaren, aber auch sensiblen Ebene, auf der Stärke, Halt und tiefgreifende Erkenntnisse möglich sind.

Wir tragen große Verantwortung, wenn wir in das Resonanzfeld eines anderen eintreten. Sie entsteht, wenn wir uns in unser Gegenüber hineinversetzen; dann nämlich können wir als Vorbilder agieren. Und das bringt Verantwortung mit sich. Wir verstehen die Menschen, sehen sie hinter ihren Masken, wir erkennen ihren Schmerz. Das ist für viele erst mal befremdlich.

Weil sie sich vor Intimität fürchten, tarnen sich die meisten Menschen, das sind sie gewohnt. Schließlich bedeutet Intimität, sich nackt und verletzlich zu zeigen. Die meisten Erfahrungen, die ein Mensch mit Intimität gemacht, sind negativ: Ablehnung, verlassen werden, Streit, Unverständnis. Daher ist es so wichtig, dass wir empathischen Menschen ein Gegenpol sind und solchen Menschen eine Alternative bieten: einen imaginären Raum, in dem sie sich fallen lassen können.

Die Welt braucht empathische Menschen, die ihre Gabe entfaltet haben. Durch ihr Verständnis, ihre Liebe und Geborgenheit erblühen selbst vertrocknete Seelen wieder in voller Pracht.

„DIE KERNESSENZ DER LIEBE LEBT VON DEM FÜHRENDEN GEIST, DER BEREIT IST, IN SEINEM SEIN SICH SELBST IN VOLLSTER AUTHENTIZITÄT ZU ERFAHREN.“

Kapitel
19

LIEBE IST WAHRHAFTIGKEIT

Mir ist klar, dass Liebe für alle etwas anderes bedeutet. Jeder Mensch ist individuell, hat seine persönliche Wahrnehmung – und stuft andere anders ein, als seine Mitmenschen es tun.
Doch haben alle vielleicht einen gemeinsamen Nenner, vielleicht gibt es eine Essenz der Liebe.

WAS HAT ES MIT DER LIEBE ALSO AUF SICH?

Auch ich erduldete so manches, machte Erfahrungen, die ich lieber vergessen statt in meinem Herzen verankert hätte. Ich durfte erkennen, dass die Frage „Was ist Liebe?" nicht mit banalen Gedankenverknüpfungen beantwortet werden kann, sondern durch ein tiefes Verständnis für das Leben an sich. Worte haben so viel Kraft – und versagen doch bei einer simplen Frage.

Ich habe für mich festgehalten, dass Liebe der absolute Zustand innerer Verbundenheit ist. Dabei geht es nicht um die Verbindung zu einem anderen Lebewesen oder Gegenstand; Trennung existiert nur im Verstand. Liebe ist die absolute Präsenz dessen, was gerade ist.
Da wir meistens auf der Egoebene kommunizieren, nehmen wir nur bedingt wahr, was gerade ist. Zu sehr sind wir in unsere gedankliche Realitätsproduktion vertieft. Mit der daraus erschaffenen Realität identifizieren wir uns, aber sie hat nichts mit unserem wahren Selbst zu tun, und sie kommt der Wahrhaftigkeit der Liebe auch nicht nahe.

WIR TREIBEN OHNE EINEN KAPITÄN, DER DAS SCHIFF NAVIGIERT, AUF OFFENER SEE.

Tief im Inneren kann ein jeder seinen wahren Ursprung spüren. Er weiß genau, dass er Teil von etwas Größerem ist. Dieses Wissen wird schon bei kleinen Kindern verkannt und mit Verschleierungen des Egos überdeckt. Das ist der Nährboden für den absoluten Wahnsinn.
Was passiert, wenn wir uns verlieben, wenn wir überzeugt sind, jemanden oder etwas zu lieben?

Wie bereits beschrieben agieren wir meistens im Autopilotmodus, wir sind wie ferngesteuert. Geraten wir jedoch in eine Situation, die uns überfordert, flasht, von den Socken sein lässt oder fasziniert, greift das Ego nicht länger und wir verbinden uns ganz natürlich mit unserem wahren Selbst. Infolgedessen fühlen wir uns wieder wie ein kleines Kind, das nicht weiß, „wie man sich zu verhalten hat". Selbst Menschen, die unbewusst und mit ihrem Ego identifiziert sind, können die wahrhaftige Liebe erfahren, sie sind sich dessen nur nicht bewusst.

Ihr kennt bestimmt die Situation, in der man neben der Spur ist, in der man richtig begeistert ist. Ob durch ein Date oder einen Angebeteten. Solche Situationen sind gar nicht immer personenbezogen. Ursache können genauso Natur, Tiere oder Gefühlszustände sein. Die Erfahrungen, die man macht, wenn man sich bewusst im Moment verankert, entspringen der Essenz der Liebe.

Da man in solch besonderen Momenten keine Zeit zum Denken, Analysieren und Bewerten hat, oder sie nicht in eine Form zu pressen vermag, entsteht etwas Erstaunliches. Man ist ganz und gar im Moment selbst und alle Egostrukturen lösen sich in Luft auf. Nun fühlen wir uns frei, geborgen, sorglos. Wir empfinden die reine, schöne Verbindung – und führen dies fälschlicherweise

auf die Situation zurück, anstatt die Essenz der Liebe in uns zu erkennen.
Im Nachhinein interpretieren wir das Gefühl als Glaubensmuster, doch es ist Liebe. Diese Konstrukte von Beziehungen und Partnerschaften oder Glück haben nichts mit Liebe gemein. Die Liebe lebt von dem Bewusstsein zu dem, was gerade ist, und dessen Tiefe, in der wir uns selbst erkennen.

**LIEBE SETZT NICHTS VORAUS,
SIE IST IMMER PRÄSENT!**

Es kommt nur darauf an, ob wir uns der Liebe gewahr sind oder ob wir uns mit unserem Ego identifizieren. Solltest du dich also einmal verlieben, liebst du nicht die Person, sondern die Vorstellung davon, wie sie zu sein hat. Dies tust du, solange du unbewusst handelst. Dein Ego, das konditionierte Ich, erschafft im Moment der Begeisterung eine Traumlandschaft. Unbewusst projizierst du all deine Wünsche, Träume und Erwartungen auf Situationen oder Personen und hältst das dann für Liebe. Unser Verstand interpretiert das Erlebte, versiegelt das Gefühl und verpackt es in ein Bild. Dieses Bild ist fortan das

Konstrukt für all deine künftigen Partnerschaften und Beziehungen.
Dies hat zur Folge, dass wir uns ständig neu verlieben. In Menschen, in Materielles, in Ideen, Vorstellungen. Nehmen wir jedoch die rosarote Brille einmal ab, offenbart sich das Konstrukt und wir sind enttäuscht.
Wir bedauern und machen unser Gegenüber für unsere Enttäuschung verantwortlich.

**„DU HAST MICH NIE GELIEBT!
DU HAST DOCH KEINE AHNUNG VON LIEBE!
NIEMAND LIEBT MICH!"**

Hier ist die Egostruktur deutlich zu erkennen, sie offenbart, dass man sich selbst nicht lieben kann. Stattdessen brauchen wir immer neue Liebeskicks, die uns bestätigen; schließlich sind wir mit unserem Ego identifiziert. Wir sind abhängig von der Liebe unseres Gegenübers. Uns wurde nämlich beigebracht, dass man sich alles verdienen muss. Dieses Muster greift bei der Liebe ebenfalls.
Wir schreiten durchs Leben und je älter wir werden, desto mehr Beziehungen sind vergangen, Liebschaften in die Brüche gegangen. Immer we-

niger sind wir bereit, uns zu öffnen. Wir vereinsamen, weil wir nie gelernt haben, dass die Essenz der Liebe in uns ist und wir nur unser Herz öffnen müssen.

Sobald wir uns nicht länger vom Ego leiten lassen, treten wir in Kontakt mit unserem wahren Selbst und ermöglichen unserer Seele volle Authentizität. Wir sind im Moment verankert und nehmen nun bewusst wahr, welche Kräfte in uns wirken. Es ist ein Zusammenspiel von Gefühlen – Begeisterung und Faszination! –, die sich wie bei einem ersten Date in dir entfalten.

Das Verstehen, dass es bei der Liebe nicht darum geht, zu besitzen, sondern darum, wahrzunehmen und zu empfangen, öffnet dir die Augen. Endlich kann sich der Kanal zu deinem Herzen öffnen und ist nicht länger mit den Verschleierungen des Egos überdeckt. Du wirst dir deiner Schöpferkraft bewusst, dir wird klar, dass Liebe etwas Freies ist, dass sie allem und jedem zugänglich und niemals zweckgebunden ist. Liebe hängt niemals von Geschlecht, Bedingungen, Gegebenheiten oder Umständen ab, sondern von der Bereitschaft des führenden Geistes, hinzuschauen und zu fühlen.

Die wahrhaftige Liebe trägt uns in die Richtung, die vorherbestimmt ist. Wir spüren, ob sie rein und echt ist. Dadurch können wir bewusst eine

Beziehung eingehen. In dieser intimen, freien und bedingungslosen Beziehung begegnet man sich auf Augenhöhe, endlich kann die Liebe in ihrer reinsten Form fließen.

Wer die Essenz der Liebe in sich hat, empfindet das tiefes Bedürfnis, sie zu teilen.

„REIẞE ICH MEINE SCHUTZMAUERN EIN UND FANGE AN, DIE BEZIEHUNG ZU MIR SELBST ZU HEILEN, BIN ICH BEREIT, WAHRE NÄHE ZU TEILEN.“

Kapitel
20

SCHUTZMAUERN

Wer wahre Nähe erfahren hat, für den sind oberflächliche Begegnungen nicht von großer Bedeutung.
Sich körperlich und geistig zu begegnen bedeutet, sich hinzugeben und seine Verletzungen und negativen Erfahrungen hinter sich zu lassen. Nackt, sein wahres Selbst preisgeben, sich nicht hinter Schutzmauern verstecken, einem Menschen dein Vertrauen schenken. In diesem Zustand handle ich authentisch und dies zeugt von einer innigen Beziehung zu mir selbst, die von dem, der meine Nähe spüren darf, rein empfunden wird.
Menschen können fühlen, ob sie sich nah sind, oder ob eine große Distanz ihre Seelen trennt. Auf der seelischen Ebene kommunizieren wir weder durch Worte noch durch Taten, sondern mit dem, was wir über unser Gefühle ausdrücken und ausstrahlen. Wahre Nähe fängt bei einem

selbst an, erst mit ihr ist man für eine tiefe Verbindung empfänglich.

Es ist sehr besonders, anderen Menschen nahe zu sein, denn in unserer Gesellschaft ist es so, dass Nähe hauptsächlich der Bestätigung dient – und als Flucht vor dem Alleinsein. Vereinsamte Seelen und verletzte Herzen suchen im Außen nach Liebe, sie wollen gesehen werden. Es sind Frauen, die ihre wahre Schönheit mit Schminke überdecken und nach Aufmerksamkeit schreien, und Männer, die verzweifelt jede Frau anhimmeln, damit die sie rettet.

Solch oberflächlichen Beziehungen verlieren an Bedeutung, hat man einmal aufrichtige Nähe erfahren. Nun ist man trotz Alleinsein nicht mehr einsam, man genießt die Stille und Ruhe, stürzt sich nicht mehr in wertlose Begegnungen. Wer solche Begegnungen ständig hat, erträgt weder Ruhe noch sich selbst, sondern versucht, die inneren Hilfeschreie auszublenden. Wahre Nähe lebt davon, dass der Moment für beide besonders ist; ich weiß ihn viel mehr zu schätzen, wenn ich nicht von Belanglosigkeiten übersättigt bin.

Ich selbst bin lieber allein, als mich an kalten Umarmungen zu wärmen. Nur so erkenne ich Menschen, die ebenfalls zu wahrer Nähe bereit sind, und begegne ihnen wertschätzend, damit wir uns wahrhaft nah sein können.

Wie in dem Kapitel „Die Wahrhaftigkeit der Liebe“ beschrieben ist es die Essenz der Liebe, sich seines wahren Selbst bewusst zu werden, um im Moment leben zu können. Pflegen wir erst die Beziehung zu uns selbst, erfahren wir, was es heißt, aufrichtig und bedingungslos zu lieben.
Wirkliche Intimität und Nähe lebt von der Liebe. Erst sie schafft einen Raum, in dem zwei Seelen zu einer Einheit verschmelzen können. Deshalb ist es so wichtig, dass wir die Bereitschaft entwickeln, unsere Schutzmauern aufzubrechen, um zum Kern unseres Selbst vorzudringen.
Solange wir uns hinter unseren Schutzmauern verstecken, die ja nur vermeintlich sicher sind, kann es keine Intimität geben.
Erkenne, dass du mit deinen Schutzmauern nicht nur Verletzungen abwehrst, sondern auch all das, wonach du dich tief im Inneren sehnst. Sei bereit, all deine Egostrukturen zu entlarven und trage deine Schutzmauern Stein für Stein ab.

Trau dich, du wirst erstaunt sein, was hinter deinen Schutzmauern alles auf dich wartet.
Oder willst du freiwillig in dem Gefängnis aus deinen bisherigen Erfahrungen verweilen?
Nein, du sehnst dich nach tiefer und wahrhaftiger Liebe, nach einer Liebe, die mit einem anderen Menschen als Nähe ausgelebt werden kann.

„ES IST KEINE LIEBE, SONDERN ABHÄNGIGKEIT, WENN ICH IN EINER BEZIEHUNG ERWARTE, DASS MEIN PARTNER MICH AUS MEINER EINSAMKEIT BEFREIT. DER MANGEL AN SELBSTLIEBE WIRD SICH GNADENLOS ENTHÜLLEN, DENN NUR ICH SELBST VERMAG ES, DIE LEERE IN MIR ZU FÜLLEN.“

Kapitel
21

ABHÄNGIGKEIT IN BEZIEHUNGEN

Viele von uns – mich eingeschlossen – betrifft das Thema unbewusste Beziehungsmuster. Sie treten meist erst nach Monaten oder Jahren zutage. Fast jeder kennt den Spruch: „Wie kannst du erwarten, dass dich jemand liebt, wenn du dich selbst nicht liebst?"

Er sagt so viel aus, jedoch erkennen viele seine tiefere Bedeutung nicht. Sich selbst zu lieben heißt, sich anzunehmen, wie man ist, zu erkennen, wer man ist, und zu verstehen, wann man fremdbestimmt ist. Dies gilt ebenfalls für die Selbstliebe, über die ich im Kapitel „Die Wahrhaftigkeit der Liebe" geschrieben habe.

So viele Beziehungen gründen auf gegenseitiger Abhängigkeit. Jeder geht mit Erwartungen in eine Partnerschaft hinein, mit den schlechten Erfahrungen, die er in der Vergangenheit gemacht hat. Das hat jedoch mit Liebe nichts zu tun, sondern mit einem emotionalen Handel: Jeder gibt dem anderen genau das, was er von ihm möchte, aber nicht unbedingt braucht. Das geht solange gut, bis sich Routine einstellt und man nicht mehr bereit ist, die Defizite des anderen auszugleichen. Die heile Welt bricht zusammen und die Verliebtheit verpufft.

Wie toxisch Abhängigkeit in Beziehungen ist, verdeutliche ich gern an ein paar Beispielen:

- „Also, wenn sie sich heute nicht meldet, ist es aus. Ich habe keine Lust, ihr ständig hinterherzulaufen. Wer, denkt sie, ist sie?"
- „Er versteht mich einfach nicht. Um ehrlich zu sein, habe ich mir eine Beziehung ganz anders vorgestellt. Er denkt nur an sich und sieht meine Bedürfnisse nicht."
- „Er ist so egoistisch, schaut nur Fußball und säuft Bier. Und ich, ich mach den Haushalt und kümmere mich um die Kinder. Womit habe ich so was verdient?"
- „Sie liebt mich doch nur wegen meines Geldes. Ich liebe meinen Job, aber ich sehe es nicht ein, ausgenutzt zu werden. Ich würde gern mal eine Frau kennenlernen, die mich so liebt, wie ich bin."

- „Also irgendwie ist die Luft raus. Als wir uns kennenlernten, hatte ich ständig Schmetterlinge im Bauch. Ich glaube, ich sollte es beenden."
- „Wir reden schon lange nicht mehr so wie früher, wir funktionieren einfach nur. Es ist echt frustrierend, als lebten wir aneinander vorbei."

In der Abhängigkeit finden wir immer etwas, dass uns am anderen stört. Dabei war es unser Mangel an Selbstliebe, der uns dazu veranlasste, eine Beziehung auf gleicher Ebene einzugehen. Der Partner, den wir wählen, ist genauso wie wir von unserer Bestätigung, Fürsorge, Liebe, Nähe und Zuneigung abhängig. Und wir erwarten ernsthaft von ihm, dass er unserem Ideal entspricht?

Mein Partner sollte ein Geschenk sein, der mit mir durchs Leben schreitet, durch all die Höhen und Tiefen. Er ist nicht dafür verantwortlich, dass ich mit ihm glücklich bin. Erst wenn ich bereit bin, an mir zu arbeiten und aus Erfahrungen zu lernen und mir dadurch ein stabiles Fundament geschaffen habe, löst sich die Erwartung auf, dass mein Partner mir etwas geben muss. Sobald wir erkennen, dass wir die Essenz der Liebe bereits in uns tragen, klingt jede Bedürftigkeit ab. Wir

entscheiden uns für die Liebe, statt hoffend und klagend durch die Welt zu jagen.
Dabei können wir nicht mal etwas dafür, dass wir uns abhängig machen. So lebt es uns die Gesellschaft ja vor. Wer hat denn schon erfahren, was es heißt, bedingungslos zu lieben?
Eine Partnerschaft sollte frei sein, sie sollte nicht an Bedingungen geknüpft werden. Zwei Menschen, die sich erwartungsfrei und auf Augenhöhe begegnen und sich entscheiden, den Weg gemeinsam zu gehen. Erwarte ich, dass mein Partner mich aufgrund von Bedingungen glücklich macht, offenbart sich darin nur die eigene Unzufriedenheit aufgrund mangelnder Selbstliebe.
Meine persönlichen Erfahrungen machten mir bewusst, dass ich die Schuld nicht bei meinem Partner suchen sollte, sondern dass ich allein für meine Unzufriedenheit verantwortlich bin. Schuld gibt es nicht, sie ist lediglich eine Bewertung des Egoverstandes. Bist du in deinem wahren Selbst verankert, ergründet der führende Geist ausschließlich Ursache und Wirkung.
Verstehen wir Ursache und Wirkung, verspüren wir Selbstverantwortung. Wir erkennen, dass alle Erfahrungen sich wieder und wieder wiederholt haben.

Heute hast du die Chance, ein solches Muster zu durchbrechen. Du kannst dich für die Liebe entscheiden und künftig wahrhaftige Beziehungen eingehen.

„BIN ICH FREI VON DER ANGST, MIR SELBST NICHT GENUG ZU SEIN, ERBLÜHT JEGLICHES ZUSAMMENSEIN IN LIEBEVOLLER HARMONIE.“

Kapitel
22

DIE ANGST VOR DEM ALLEINSEIN

Angst ist ein schlechter Begleiter.
Die Angst vor dem Alleinsein äußert sich nicht zwangsläufig in dem, was mit dem Wort oftmals verbunden wird. Sie zeigt sich im Verhalten und in Worten. Sie wird erkennbar an Menschen, die uns unseren Mangel spiegeln. Es ist unbedeutend, weshalb Angst vorherrscht, warum sie unsere Beziehungen infiziert. Viel wichtiger ist es, sich dessen bewusst zu sein und sich der Angst zu stellen. Oft hängt man sich an ihren Symptomen auf und gräbt in der Vergangenheit, um die Schuldfrage zu klären.

**„WESHALB BIN ICH SO,
WAS STIMMT MIT MIR NICHT?“**

Mit dieser Frage gehst du dem Ganzen nur bedingt auf den Grund. Dessen Ursprung ist immer im Jetzt zu suchen: Was spielt sich in meinem Innern ab, genau in diesem Moment, wenn der geballte Schmerz sich zeigt, mich lenkt und dazu verleitet, Sachen zu sagen und Dinge zu tun, die verletzen? Durch das In-sich-Reinspüren lernt man seine Verletzungen kennen, ganz ohne im Kopf herumzuwühlen und Erklärungen und Verantwortliche zu suchen. Auf einmal fühlt man eine große Verantwortung für sich selbst.
Wir vermeiden Konfrontationen, unangenehme Situationen und Konflikte mit anderen Menschen. Doch sie entstehen aus einem bestimmten Grund. Ihn zu ergründen, indem wir uns unserer selbst bewusst werden, ist entscheidend: Was fühle ich gerade? Was geht mir durch den Kopf? Was zeigt sich im Anderen? Durch solche Fragen lernt man sich selbst kennen.
Deine Angst, die Leere, die dich einnimmt, wenn es mal nicht gut läuft – beides darfst du selbst ergründen. Dadurch wirst du an dir wachsen. Ab jetzt bildest du keine neuen Glaubensmuster mehr, die dich nicht weiterbringen, und nimmst auch nicht mehr blind das Wissen anderer an.
Eifersucht, Hass, Unverständnis oder ständiges Streiten zeugt von Mangelzuständen. Darin zeigt sich, dass beide Partner unsicher, sich ihrer selbst

nicht sicher sind und ihren Wert nicht kennen. Sie binden sich, um der Stille zu entfliehen, die ihnen ihr Innerstes um die Ohren haut. Sobald in der Beziehung die Fassade bröckelt, suchen sie die Erklärung – meist beim anderen.
Alle sprechen davon, dass man sich selbst lieben muss, um bedingungslos lieben zu können. Wissen wir, was dieser so leicht dahingesagte Spruch überhaupt bedeutet? Wann haben wir gelernt, uns anzunehmen und unseren inneren Frieden nicht an Bedingungen zu knüpfen? Waren wir jemals achtsam genug, uns das zu geben, wonach wir uns beim anderen sehnen?

ANZIEHUNG BASIERT AUF ENERGIE.

Oft fragt man sich, warum man immer nur Arsch****er anzieht, also Menschen, die nicht das verkörpern, was man sich unter einem Menschen vorstellt, mit dem man eine Wohlfühlbeziehung führen kann. Wir ziehen sie deshalb an, weil wir ein imaginäres Schild auf unserer Stirn kleben haben, auf dem steht, was wir auf keinen Fall wollen. Das, was wir nicht wollen, ist das, was wir fürchten. Und Furcht sendet klare Signale.
Ich möchte euch mitgeben, dass Wissen und Erkenntnis allein nichts verändern. Jeder Mangel

transformiert sich erst durch Weisheit spürbar. Weisheit erlangst du, indem du nicht vor dir selbst flüchtest, sondern dem Aufmerksamkeit schenkst, was du versuchst, zu vermeiden. Dadurch setzt du Wissen in Taten um und lebst deine Erkenntnis.

In jeder Beziehung, sei sie noch so schmerzhaft, wird deine Angst vor dem Alleinsein sichtbar. Sie wird dir zum Geschenk, denn sie bringt dich in deine Mitte. Wie eine Schatzkarte führt sie dich zu unermesslichem Reichtum – wenn du genug Energie investierst, sie zu entschlüsseln.

Wir sind nie allein, wenn wir bei uns sind. Die Liebe in uns wird uns zu Menschen führen, die genau auf unserer Ebene schwingen.

Seid lieb zu euch, seid geduldig, jeder von euch ist liebenswürdig und wunderschön. Gebt euch das, was ihr euch wünscht. So wird jede Partnerschaft zum Sahnehäubchen für eure Reise.

Erkenne, dass der Ursprung deiner Angst vor dem Alleinsein du selbst bist. Erkenne, dass nur du eine Erkundungstour in dein Inneres antreten kannst. Erkenne, dass du unendlich wertvoll bist. Ich verspreche dir, deine künftigen Begegnungen werden von Authentizität geprägt sein.

Für mich beruht die reine Beziehung auf Authentizität. Sie spiegelt mein reines Sein wider und weckt die Bereitschaft in anderen Seelen, mir ebenfalls authentisch zu begegnen.

„MÄNNER, WACHT AUF, ES IST AN DER ZEIT, IN EURE KRAFT ZU KOMMEN.“

Kapitel
23

DIE KRAFT DES MANNES

Ja, es gibt diese Männer, die in ihrer ganzen Kraft sind und sie auch leben.
Auch sie lenkte einst ihr Unbewusstes, und sie stürzten sich wegen eines inneren Mangels in Beziehungen. Dabei betrachteten sie Frauen als Objekt der Begierde, das es zu erobern galt.
Sie gaben sich stets cool und unnahbar, da dies anscheinend dem Ideal entspricht. „Frauen stehen doch auf Machos“, dachten sie. Hingegen die guten, liebevollen Männer wurden immer wieder abgelehnt oder landeten gleich in der Friendzone. Im Endeffekt findet eine Frau einen Mann anziehend, der selbstbewusst ist. Beim Macho trügt der Schein, ihr eigentlich schlechtes Selbstwertgefühl zeigt sich später daran, dass sie ihre Frau schlecht behandeln, um sich selbst aufzuwerten. Jede Überzeugung, die ein solcher Mann einst hatte, entstand durch Ideale, durch die gesellschaftliche Vorstellung, das Erfolg beim weibli-

chen Geschlecht ein Garant dafür ist, dass man in seinem Umfeld einen gewissen Stellenwert hat. Das Umfeld, indem der Mann sich bewegte, suggerierte ihm Bestätigung und Anerkennung. Also lebte er unhinterfragt den „harten, unnahbaren" Mann aus und befand seine weiblichen Anteile für unwichtig. Immer wahrte er Distanz zu Frauen, bei zu viel Nähe ergriff er die Flucht. Zu groß war die Angst, gekränkt und verlassen zu werden, zu groß die Angst, dass die Frau erkennen könnte, wie verletzlich er in Wahrheit ist.
Ja, dieser Mann sehnte sich nach einer ehrlichen und tiefen Verbindung, aber seine Prägung ließ eine solche Beziehung nicht zu. Jedoch schenkte ihm das Leben diverse Erfahrungen. Er schaute in den entsprechenden Spiegel, eine Frau, die genauso verletzt und nicht in ihrer weiblichen Kraft war. Dies zeigte sich in ihren Vorurteilen und Glaubenssätzen, die durch negative Erfahrungen entstanden waren oder die sie unbewusst übernommen hatte.

„Wann lerne ich einen normalen Mann kennen, nicht immer nur Männer, die mich schlecht behandeln? Männer verstehen mich nicht, ich kann mich nicht fallen lassen. Alle Männer nutzen mich nur aus und sind schwanzgesteuert."

Ja, liebe Frauen, mit solchen Glaubenssätzen zieht ihr genau solche Männer an. Mit ihnen darfst du dich selbst in deinem Spiegel erkennen. Männer und Frauen führen einen Kampf, bei dem es um Macht geht, um einen Energieausgleich, durch den sie sich wieder selbst zu spüren hoffen. Sie wollen gesehen, anerkannt und gehalten werden. Außerdem suchen sie nach einer Bindung, die eine Bindung wieder aufleben lässt, die, seitdem sie ihr Elternhaus verlassen haben, nicht mehr da war. Aber sie begegnen sich auf der Ebene der Abhängigkeit und gehen eine Bindung ein, die nichts mit Liebe zu tun hat. Sie sagen, „Ich liebe dich", meinen aber „Ich brauche dich, da ich mich selbst nicht lieben kann". Bindung stellt klare Bedingungen.
Besagter Mann war es irgendwann leid, oberflächliche Begegnungen zu haben und fragte sich, was ihm die Tür zum Herzen öffnen würde.
Er verletzte, und er wurde verletzt, er schritt durch Dramen und emotionale Welten, die voller Schmerz und Selbsthass waren. Daraus ging seine Stärke und seine ehrliche, nackte Männlichkeit hervor; sie erlaubt ihm, auch seine weiblichen, gefühlvollen Anteile auszuleben.
Solch ein Mann lässt sich von Oberflächlichkeit nicht mehr beeindrucken oder manipulieren. Er will auch nicht mehr nur ein „ein Rohr verlegen"

oder rumhämmern, als wärst du seine Werkbank im Keller, an der er sich austoben darf. Er sehnt sich nach inniger Nähe und kann mit rein sexuellen Begegnungen nichts mehr anfangen. Er spürt, dass es eine größere Intimität braucht, um zu verschmelzen.

Er sieht dich, auch in deiner Verletzlichkeit, und achtet dich. Er berührt dich sanft und auf eine tiefer gehende Weise, als es mit der bloßen körperlichen Berührung möglich wäre.

Dieser Mann ist verletzlich, da er sich dir nackt zeigt, gleichzeitig bewahrt ihn seine Stärke davor, verletzt zu sein. Er wird dich weder begrenzen noch dir vorschreiben, was du zu tun oder zu lassen hast. Er sieht dich nicht als Objekt, stattdessen hat er sich dafür entschieden, mit dir eine Einheit zu bilden, die an keine Bedingungen geknüpft ist. Er bleibt bei sich – das lässt Liebe zu, weil Liebe immer frei und niemals zweckgebunden ist.

Seine Selbstliebe macht dieser Mann nicht an deinem Sein fest, er spürt, dass er selbst verantwortlich ist. Er hält dich, versteht dich, aber bewertet und verurteilt dich nicht. Er lässt sich auch auf keine Dramen ein, er ist sich seiner Wirkung bewusst und weiß, warum welche Trigger in bestimmten Situationen anspringen. Er ist bereit, mit dir zu wachsen.

Ihm ist es ein starkes Bedürfnis, aufrichtig zu kommunizieren und offen alles zu thematisieren. Keine Tabus, auch keine Angst davor, die Achtung für dich zu verlieren. Er weiß, dass weder du noch er fehlerfrei sind, dass es darum nicht geht, sondern darum, sich gegenseitig zu akzeptieren. Er schätzt dich so, wie du bist, richtet jedoch dennoch den Fokus auf Heilung und Weiterentwicklung – er bleibt nicht stehen. Außerdem richtet er keine Erwartungen an dich, nur die, dass auch du wächst.

Er klammert sich nicht an dich, lässt dich frei, weil er weiß, dass er für echte Intimität bereit ist.

„FRAUEN, WACHT AUF. ES IST AN DER ZEIT, IN EURE KRAFT ZU KOMMEN.“

Kapitel
24

DIE KRAFT DER FRAU

Eine Frau in ihrer ganzen Kraft versucht weder, der Emanzipation gerecht zu werden, noch projiziert sie ihren Schmerz auf den Mann.
Sie glaubt nicht, immer stark sein zu müssen, sie ist sich ihrer Weiblichkeit und Verletzlichkeit bewusst. Sie sieht den Mann nicht als Versorger, sie benutzt ihn nicht, um Kinder zu kriegen, bemuttert ihn nicht und behandelt ihn auch nicht wie einen Sklaven.
Sie ist sich ihrer Verantwortung bewusst, in ihre weibliche Kraft zu kommen, um ihre sensiblen, einfühlsamen, empathischen Fähigkeiten auszuleben. Sie erlaubt es sich, Schwäche zu zeigen, da dies nicht bedeutet, dass sie schwach ist. Sie lässt von ihren negativen Erfahrungen ab und verzeiht sich selbst. Die Verantwortung für den Schmerz, der ihr zugefügt wurde, trägt sie selbst, da sie es zugelassen hat, verletzt zu sein.

Sie projiziert ihren Selbstwertmangel nicht auf den Mann. Deshalb beschwert sie sich auch nicht darüber, dass es keine empathischen, sondern nur oberflächliche, bierbäuchige, fußballliebhabende Männer gibt, die sie in ihrer Schönheit nicht sehen können. Sie sieht sich selbst und dadurch wird sie gesehen.
Sie sieht den Mann als Bereicherung, mit der sie die Kraft ausleben darf, eine Einheit zu bilden, um in Gänze zu schwingen und zu verschmelzen. Sie sieht ihn nicht als Erfüllungsgehilfen, durch den sie in ihre Kraft kommt.
Ihren Geltungsdrang hat sie über Bord geworfen, deshalb postet sie auch nicht den ganzen Tag Selfies, um Likes abzustauben. Sie geilt sich nicht mehr an der oberflächlichen Geilheit des unbewussten Mannes auf. Auch lässt sie sich nicht von einem dicken Bankkonto beeindrucken. Stattdessen ist sie im Herzen verankert, sie fühlt die Fülle und lässt dies den Mann spüren, sodass er ihr auf dieser Ebene nicht gerecht werden muss.
Sie liebt den Körper, der ihr geschenkt wurde, und nimmt ihn in Gänze an. Sie hat keine Angst, sich dem Mann in ihrer Schönheit und Pracht zu zeigen, sie lässt das Licht an. Dem Mann, der ihren heiligen Tempel betritt, erlaubt sie, sie voll

und ganz zu lieben, auch wenn dies bedeutet, dass sie ihre Verletzlichkeit zeigt. Sie erlaubt es sich, sich weiblich zu fühlen.

Eine Frau in ihrer ganzen Kraft ist sich der Verletzlichkeit des Mannes bewusst und verurteilt ihn nicht dafür. Sie schafft einen Raum, in dem der Mann sich fallen lassen darf, und zeigt ihm, wie viel Macht ihm seine weiblichen Anteile geben.

Sie lässt den Mann Mann sein und bindet ihn nicht aus Angst vor dem Alleinsein an sich – dadurch entstünde nur Druck. Sie zerstört keine potenzielle Verbindung, weil sie ständig eifersüchtig ist und klammert. Sie zeigt dem Mann, dass sie sich vertraut und er seine Erfahrungen machen und sich frei entscheiden darf. Sie lässt ihn ziehen, wenn er zu einer solchen Intimität nicht bereit ist, ohne an ihrem Wert, gar an ihrer Weiblichkeit zu zweifeln.

Die Kraft der Frau ist kein Ideal, sondern ein Resultat der Verantwortung über die eigene Selbstliebe. Sie bringt mit sich, dass die Frau sich vollständig annimmt und alte Muster und Prägungen zu heilen sucht. Die Frau beleuchtet ihren Schmerz und den ihrer Vorfahren, sie erkennt, dass es die Unbewusstheit, die Verkettung von Prägung und Glaubensmustern war, die zu der toxischen Be-

ziehung zwischen Mann und Frau führte, und ist bereit, nun einen Cut zu machen.
Sie lässt sich nicht mehr in Rollen pressen, um ein gesellschaftliches Ideal zu verkörpern. Sie verkauft nicht länger ihre Seele, sondern ergründet ihre Tiefen und begibt sich auf ihre Reise, die dazu führt, dass sie ihre Bestimmung entdecken und leben wird.
Sie lässt ab von der Hollywood-Vorstellung, dass ein stattlicher Ritter hoch zu Ross einen Drachen tötet, um sie aus ihrer Festung zu befreien. Nein, sie zeigt dem Mann, dass sie an ihm interessiert ist und er sich nicht erst als würdig erweisen muss, überhaupt mit ihr in Kontakt zu treten.
Eine Frau in ihrer ganzen Kraft ist weder egonoch fehlerfrei, sie ist bewusst und geht ihren Weg, der Höhen und Tiefen hat und teils steinig ist. Angesichts des Lebens kniet sie demütig nieder, um aus ihren Erfahrungen heraus zu wachsen.
Sie weiß, dass es der Mann ähnlich macht, und wird ihn immer achten, insofern er bereit ist, sich seiner inneren Schlacht zu stellen. Auf dass beide im Glanze des Lichtes baden und die Last der Dunkelheit gemeinsam tragen.
Diese Frau ist bereit für eine tiefergehende Intimität und findet sich im Spiegel des Mannes wieder. Beide Herzen werden durch die Begegnung

geweitet und der Kanal geöffnet. Liebe kann endlich bedingungslos fließen.

„WIR SOLLTEN DANKBAR SEIN FÜR MENSCHEN, DIE UNS KEINEN HONIG UMS MAUL SCHMIEREN, SONDERN UNS UNVERBLÜMT AUFZEIGEN, WAS SIE AN UNS WAHRNEHMEN. SO BRINGEN SIE UNS EIN STÜCK NÄHER ZU UNSEREM WAHREN KERN.“

Kapitel
25

DIE SCHATTENKRIEGER

Bevor die Schattenkrieger in unser Leben kamen, gab uns unsere Welt einen gewissen Halt – bis die Krieger uns zeigten, dass die Realität, die wir geformt hatten, voller Illusionen war. Zuvor waren wir überzeugt, dass wir bei uns angekommen waren und all unsere inneren Kriege gemeistert hatten, aber nachdem wir die Krieger kennengelernt hatten, zeigten sie uns durch ihr bloßes Sein all unsere Schattenseiten gnadenlos auf.
Allein ihre Präsenz bringt jeden noch so verborgenen Anteil in uns ans Licht, Schmerzen, die wir seit jeher in uns tragen, Angst, vergessene Erfahrungen – all das wird auf einmal sichtbar. Alles in uns sträubt sich gegen den Spiegel, den uns die Krieger vorhalten. Wir projizieren unsere Schatten und Dämonen auf sie, weil wir sie und nicht uns selbst verantwortlich machen.
Ihre Worte und Energien ließen dich glauben, dass sie sich gegen dich verschworen haben – ja,

wir erklären die Schattenkrieger zu den Bösen. Wir fühlen uns gekränkt, angegriffen und sind beleidigt, suchen im Außen eine Erklärung, nur nicht bei uns selbst. Doch die Schattenkrieger kennen ihren Wert, sie lassen sich nicht beirren und haben es nicht nötig, uns Honig ums Maul zu schmieren. Unverblümt zeigen sie uns, was sie wahrnehmen. Sie sind authentisch, ehrlich und klar, sie handeln intuitiv und hören ausschließlich auf ihre Impulse.
Halten wir einen Moment inne und fühlen ehrlich in uns hinein. Sind wir damit fertig, anderen oder den Schattenkriegern die Schuld zu geben? Dann sind wir bereit, zu unserem innersten Kern vorzudringen. Angst macht sich bereit, Fluchtmodus an, doch wir wissen, dass es wichtig ist, sich frei zu fühlen. Aber wie können wir frei sein, wenn wir leiden und immer wieder in die Vergangenheit gehen? Damit machen wir uns in jeglicher Situation zum Opfer und sind allem, was geschieht oder noch geschehen mag, hilflos ausgeliefert.
Wenn wir einen Schattenkrieger in unser Leben holen, sollte uns bewusst sein, dass es unser Krieg ist, der zutage tritt. Der Krieger ist einfach nur er selbst und weist dich dadurch auf etwas hin. Es geht um unsere Dramen, unseren Schmerz, unser Einssein mit der Illusion. Die Schattenkrieger bringen dies lediglich zum Vorschein.

Entweder wir stellen uns unserer inneren Welt, oder wir schießen mit leeren Worten um uns, produzieren heiße Luft – und bleiben Gefangene. Besser, wir nehmen die Begegnung mit den Schattenkriegern dankend an. Jeder Schatten, der ans Licht geholt wird, verliert seine Kraft und verschwindet. Verschwenden wir nicht unser Dasein mit sinnlosem Schwelgen in der Vergangenheit und selbstauferlegten Dramen. Seien wir ehrlich zu uns selbst und beleuchten, was unser wahres Selbst daran hindert, zum Vorschein zu kommen. Nehmen wir jede Situation und jeden Menschen dankend an, der uns zeigt, was uns von unserem wahren Wesen wegtreibt. Dies birgt ein immenses Potenzial.

Die Schattenkrieger haben ihre Schlachten bereits geschlagen. Sie wissen, an welcher Front wir kämpfen. Wir sollten dankbar sein, wenn wir solch einem Krieger begegnen. Er beschert uns die Erkenntnisse, die uns die Tür zu einem reiferen Bewusstsein öffnen.

Die Schuldzuweisung ist in der Gesellschaft am weitesten verbreitet. Nur die wenigsten Menschen verspüren Selbstverantwortung und sind bereit, sich zu hinterfragen. Öffnen wir uns jedoch einer neuartigen Betrachtung, haben wir die Chance, uns und unser Gegenüber in einem neuem Licht zu sehen.

Aus den bösen Energiefressern werden Schattenkrieger, die wir dankend empfangen, da sie uns unsere blinden Flecken aufzeigen. Nun betrachten wir Konfrontationen und Situationen aus einem neutralen Blickwinkel und fühlen uns wegen Kleinigkeiten nicht mehr angegriffen.
Die Weitung unseres Bewusstseins erzeugt einen Raum, in dem alles, was sich zeigt, da sein und bewusst transformiert werden darf. Nichts wird länger verdrängt, es entsteht eine freundschaftliche Kommunikation, in der der Fokus auf Heilung liegt.

UNSERE HEILUNG BRINGT UNS AN DEN PUNKT, VON ALL UNSEREN SCHMERZLICHEN ERINNERUNGEN ENDLICH FREI ZU SEIN.

„MAN WIRD NICHT MIT EINER DEPRESSION GEBOREN, SONDERN DURCH PRÄGUNG VON AUßEN DAHINGEHEND BEEINFLUSST, SEIN INNERES LICHT IN DEN SCHATTEN ZU STELLEN.“

Kapitel
26

DEPRESSION

Die Aussage, dass eine Depression nicht angeboren ist, ist natürlich provokant. Sie stellt vieles von dem, an das wir glauben, auf den Kopf. Ich selbst litt lange an Depressionen und setzte mich intensiv mit der Frage auseinander, was eine Depression ist.

Es gibt verschiedene Ursachen und Symptome, sagt man. Ich bin zu der Überzeugung gelangt, dass diese Krankheit immer den gleichen Ursprung hat. Meine Überzeugung basiert nicht auf wissenschaftlichen Erkenntnissen, nicht auf Studien, diesbezüglich war das Leben mein Meister. Das Stichwort lautet: Konditionierung.

Wir alle wuchsen in einem System auf, der Gesellschaft. Wir erschufen unterschiedliche Glaubensstrukturen, je nach unseren Erlebnissen, Eindrücken und Einflüssen. Uns selbst erzählen wir ständig eine Geschichte, leben im Kopf, träumen oder vegetieren vor uns hin und reagieren aus dem Unterbewusstsein heraus. Unsere Geschichte, unsere Gedanken sind ausschlaggebend dafür, wie unsere Gefühlswelt reagiert. Sind die meisten Gedanken negativ, beeinflusst das unsere Gefühlswelt. Es entsteht eine Negativspirale, die Gedanken übernehmen die Kontrolle. Sind wir von unserer Geschichte überzeugt, hegen wir keinen Zweifel, dass sie richtig ist, führt das dazu, dass unsere Gedanken ungefiltert ins Unterbewusstsein eindringen und wir sie deshalb als wahr ansehen.

Durch die Prägung von außen programmierten wir uns durch negative Gedanken selbst; dazu leisteten die Medien manipulativ ihren Beitrag. Jene Konditionierung beeinflusst dein Handeln, deine Sicht auf die Welt, dein Selbstbild und sogar deinen Stoffwechsel.

Versteht man den Zusammenhang zwischen Gedanken und der mit ihnen verbundenen Veränderung der Biochemie in deinem Körper, ist das Argument der westlichen Medizin, dass Depression eine Stoffwechselerkrankung sei, nicht ganzheitlich betrachtet. Es mag sein, dass Gene und Stoffwechselstörungen im Gehirn eine Depression begünstigen, aber sie sind nicht die Ursache. Symptombehandlung statt Ursachenforschung, das ist typisch für die westliche Medizin.

Der führende Geist, der du bist, kann die Biochemie in deinem Körper steuern, weil alles auf Energie basiert. Dein Geist kann diese Energie lenken, formen oder transformieren. Übernimmst du nicht bewusst die Kontrolle über diesen „Steuerapparat", übernimmt dein Unterbewusstsein die Führung und lenkt dich entsprechend deiner Konditionierung.

Wenn sich zum Beispiel eine Glaubensstruktur manifestiert hat, reagiert der Betroffene aus dem Unterbewusstsein heraus. Er stellt sich selbst und sein Handeln nicht infrage (weshalb es manche Fanatiker und andere vom Ego gesteuerte Marionetten gibt).

Du erschaffst deine eigene Welt, weil das, was sich im Außen zeigt, deine innere Welt verkörpert. Deine Gefühle sind davon abhängig, welchen Nährboden (deine Gedanken) du für deine Welt bereitstellst. Beobachte deine Gedanken und du wirst Konditionierungen wie diese finden:

„ICH BIN HÄSSLICH. DIE WELT IST GRAUSAM. WIESO PASSIERT NUR MIR SCHLECHTES. ICH BIN NICHTS WERT."

Toxische Gedanken sind nicht harmlos! Nein, sie sind der mentale Nährboden, auf dem du emotional stehst.

Auch bin ich überzeugt, dass das, was man psychische Krankheit nennt, ein Geschenk sein kann. Man muss nur wissen, wie man es auspackt. Mir ist noch kein starker, bewusster Mensch begegnet, der das Leben verstanden und keine schwere Vergangenheit hat.
Das Geschenk der Depression ist es, innerlich zu „sterben" und wiedergeboren zu werden. Man erkennt, dass man davor nicht wirklich gelebt, sondern nur versucht hat, den Vorstellungen anderer gerecht zu werden, und seiner Seele kein Gehör geschenkt hat. Man erwacht und innere Stärke und Lebensfreude strahlen heller als je zuvor. Nie mehr werden sie von den Lebensumständen so sehr beeinflusst werden.
Meist sind diejenigen, die eine psychische Erkrankung haben, sehr empathisch und sensibel. In unserer Gesellschaft finden sie nicht ihren Platz, sie können ihre Fähigkeiten und Träume nicht ausdrücken. Betroffene haben das Gefühl, sich nicht selbstverwirklichen zu können, dadurch fühlen sie sich verloren und denken, sie seien von einem anderen Planeten.

Ein Denkanstoß: Was, glaubst du, macht der Gedanke, von einem anderen Planeten zu sein, über Jahre mit einem Menschen?

Viele, die unter Depressionen leiden, fühlen sich machtlos. Doch ist dies nicht der Fall! Sie denken, sie seien machtlos, dabei sind sie lediglich orientierungslos – und das ist das, was das System will, das wir sind: orientierungslos. Man erzählt dir, wie krank du seist, dass du das Problem seist, dass du von Medikamenten oder Therapien abhängig bist. Sie schüren Angst und Hoffnungslosigkeit. Ich habe den ganzen Mist selbst durch. Eine Ärztin meinte damals zu mir, als ich – verzweifelt und am Boden zerstört – ihre Klinik betrat: „Machen Sie es sich selbst doch nicht so schwer. Ein Diabetiker braucht doch auch Insulin, nehmen Sie doch einfach die Medikamente." Ohne den Grund für meine Depression zu kennen, wollte sie mir etwas verschreiben. Das habe ich abgelehnt, da ich gleich ein seltsames Gefühl hatte.
Was mich befreit hat, war keine Symptombehandlung: Ich erkannte und lebte mein wahres Ich.
Auch wenn ich es selbst nicht erlebt habe, weiß ich von Bekannten, dass es durchaus Einrichtungen gibt, die Ursachenforschung betreiben. Ich sollte also nicht die ganze westliche Medizin über einen Kamm scheren. Und eigentlich bin ich ihr megadankbar, dafür, dass es andere Ärzte und Hilfeeinrichtungen gibt, denen das Wohl von Patienten am Herzen liegt. – Danke, ihr Helden!

Damals verlor ich durch Anpassung und Oberflächlichkeit mein Lebensgefühl. Heute bin ich dankbar für alle Erfahrungen, weil sie mir den Weg wiesen und ich mein volles Potenzial entfalten konnte.
Mir ist bewusst, dass viele, die absolut verzweifelt sind, Hilfe benötigen. Es ist ratsam, Hilfe in Anspruch zu nehmen, anfangs eben auch konventionelle Hilfe. Doch dies sollte nicht das Ende der Reise sein, sondern lediglich eine Stabilisierung, um die Kraft zu haben, sich auf die Erkundungstour ins eigene Innere zu begeben.
So viele Menschen leiden unter Depressionen und fühlen sich trotz Medikamenten und Therapien hilflos. Ich weiß aus eigener Erfahrung, wie schwer es ist, Mut zu fassen, sich nicht an die Hoffnungslosigkeit zu klammern, sich Schmerz und Leere zu stellen. Aber es lohnt sich! Jeder Schritt, den du bewusst gehst, wie klein er auch sein mag, trägt dich in deine Freiheit. Information und ein neuer Blickwinkel sind der Schlüssel zur Freiheit. Lässt man dich nämlich in dem Glauben, dass du krank bist und nichts verändern kannst, bleibt dies auch so. Bekommst du die Möglichkeit, dass es auch anders geht, schlägst du einen neuen Weg ein.
Ich war es irgendwann leid, zu leiden, und verließ mein Hamsterrad.

Ich wünsche jedem vom Herzen, dass er hinter dem vermeintlichen Problem sein Licht sieht und den Mut findet, ihm zu folgen. Es ist ein Hoffnungsschimmer.
Alles, was du je sein willst, ist bereits in dir!

„WEM DAS GEFÜHL DER LEERE NICHT FREMD IST, DER TRÄGT VERLETZTE ANTEILE AUS SEINER KINDHEIT IN SICH. DOCH ALS ERWACHSENER HAT MAN DIE MÖGLICHKEIT, DIESE LEERE MIT AUFMERKSAMKEIT UND LIEBE ZU FÜLLEN.“

Kapitel
27

DAS VERLETZTE KIND

Schon wieder fühle ich mich leer. Ein beklemmendes Gefühl, dass mich nicht mehr loslässt. Gedanken kreisen und ich begebe mich auf die Suche nach einer Lösung, ich fange an, im Kopf zu wühlen, und nichts fühlt sich mehr rund und klar an.

Auf seiner Suche vertraut man sich seinen Mitmenschen an. Die aber können nicht verstehen, was in mir los ist, auch nicht ansatzweise. Dennoch stürze ich mich in Situationen, um dem Gefühl der Leere zu entfliehen. Meine Mitmenschen lehnen mich auf allen Ebenen ab, weil ich von ihnen Erleichterung erwarte. Sie erfüllen mich nicht, enthüllen nur gnadenlos meine Leere.

Als säße ein Teufelchen auf meiner Schulter. Ich verliere den Halt, es wird kalt, jede Emotion klammert sich an die Hoffnung auf Linderung.

„ACH, ES LANGWEILT MICH", HÖRE ICH MICH SAGEN, „IMMER DERSELBE SCHEISS." ICH BADE IN SELBSTMITLEID.

Der innere Kampf, den ich lange führte, war wie ein Krieg, bei dem niemand siegen kann. Ich fühlte mich, als liefe ich mit all meinen Vorstellungen gegen eine Wand, nichts war mehr von Wert, alles war bedeutungslos.

Innerlich lief immer dasselbe Szenario ab – irgendwann war ich des Leidens müde. Ich fragte mich: „Was ist eigentlich wirklich mit mir los?"

Davor war ich immer weggelaufen. Angst zwang mich, zu verdrängen. Ich überspielte sie, doch sie wies auf das hin, was in mir schlummerte. Offen spürte ich in sie hinein. Ich tauchte tief in meine Leere ein – und fand einen kleinen Junge, der sich oft verlassen und einsam fühlte.

Ein traumatisierter, vom Leben gebeutelter Junge, der noch als Erwachsener versucht, seinen Schmerz zu verdrängen und eigentlich nur gesehen werden will. Mit dem Kind in mir war ich bisweilen kaum verbunden. Eine Flut an Emotionen brach aus mir heraus, als wir uns nach langer Zeit wieder begegneten, mit Vorsicht und Befremden. Ich fragte mich: „Bin ich wirklich dieses verletzte Kind, das all die Jahre im Außen nach Hilfe suchte

und dem niemand außer mir zuhören konnte?“
Der erwachsene Mann, der ich heute bin, fühlte auf einmal eine große Verantwortung und das kleine Kind in mir war so dankbar, dass ihm endlich jemand die Aufmerksamkeit gab, die ihm so lange nicht zuteil geworden war. Es entwickelte sich eine innige Freundschaft. Ich spürte, dass ich in der Lage war, für ihn da zu sein und mich schützend vor ihn zu stellen.
Die Leere in mir füllte sich mit einer Leichtigkeit, wie ich sie bisher nicht gekannt hatte. Auf einmal veränderte sich mein Umfeld – ich erwartete ja auch von niemandem mehr, dass er mir etwas geben müsse.
Einsamkeit, Trauer, Frust, das Gefühl, wertlos und verlassen zu sein – all das war nun greifbar und zeigte mir liebevoll auf, welche Beziehung ich zu mir selbst pflegte. Ich durchlief einen langen, aufwühlenden Prozess, er hält an, und ich nehme ihn dankend an, da ich die Leere in mir endlich füllen kann.
Obwohl ich einige Konstanten in meinem Leben hatte, zum Beispiel eine liebevolle Mutter, gibt es in mir verletzte Anteile. Wir alle erlebten in der Kindheit etwas, das einem nicht widerfahren sollte. Viele fühlten sich aus einem Mangel heraus ungeliebt. Oft spürt man in Gesprächen zwischen Erwachsenen, dass ihre verletzten Kinder

aus ihnen sprechen. In unserer Gesellschaft ist es normal, schnell erwachsen zu werden. Dabei lassen wir unsere Kinder zurück.
Kannst du dir Gefühlsausbrüche nicht erklären? Vielleicht meldet sich auf diesem Wege dein verletztes Kind bei dir. Versuche, keinen Widerstand zu entwickeln, sondern nehme deine Empfindungen wahr. Wut, Angst, Trauer – alles, was sich zeigt, ist die ganze Zeit in dir. Du solltest den Mut fassen, hinter den Schmerz zu blicken. So erfährst du, woher er kommt.
Oft machen wir solch schmerzliche Erfahrungen; als Kind konnten wir sie nicht so fassen und verarbeiten, dass wir mit der Situation hätten umgehen können. Wir haben die Erfahrung tief in uns vergraben. Als Kind reflektiert man weder, noch hinterfragt man den Wahrheitsgehalt dessen, was Eltern sagen. Ein Kind gibt immer sich selbst die Schuld. Daraus resultieren Schuldgefühle, die es als Erwachsener immer noch mit sich trägt. Solche Lasten infiltrieren unsere zwischenmenschlichen Beziehungen, blockieren unsere freie Entfaltung und lösen extreme Gefühlsschwankungen aus, die wir uns nicht erklären können.
Es ist so wichtig, zu unserem inneren Kind, zu den Verletzungen von damals, Verbindung aufzunehmen. Wir brechen zu unserer Zeitreise auf, weil

der Schmerz uns dazu bringt; er erzählt uns eine Geschichte, unsere Geschichte. Wir müssen nur ganz genau Acht geben.
Sich von seinen verletzten Anteilen aus der Kindheit zu lösen, geht nicht von heute auf morgen. Es ist ein Prozess, den du Schritt für Schritt durchlaufen musst. Aber jeder Schritt, egal wie klein er auch sein mag, ist es wert, gegangen zu werden.

„NIEMAND AUẞER
UNS SELBST
VERMAG DIE
INNEREN SCHREIE
DES LEIDES ZU
ERGRÜNDEN.“

Kapitel
28

PANIKATTACKEN

Eines Morgens wachst du auf und startest wie gewohnt in den Tag. Du fühlst dich träge, energielos, doch bist du es gewohnt, so etwas wegzudrücken. Du trinkst deinen Kaffee. Wie aus dem Nichts überkommt es dich.

Zuckungen im Kopf, das Herz pocht, es fühlt sich an, als spränge es aus deiner Brust. Panik breitet sich in dir aus, dein Körper spielt verrückt. Du kannst die Empfindungen nicht zuordnen, das macht es schlimmer. Deine Brust zieht sich zusammen, du bekommst keine Luft, du hyperventilierst. Ein innerer Ruf wird immer lauter: „Scheiße, was ist das, fuck."

Innerlich verlierst du den Halt, als würde dir der Boden unter den Füßen weggezogen, dir wird schwindlig, dein Magen verkrampft, die Empfindung lässt dich nicht mehr los: „Das war's. Ich sterbe."

In deiner Verzweiflung rufst du den Notarzt, beide Hände ums Handy geklammert gehst du in deiner Wohnung auf und ab, bis die Sanitäter da sind und dich versorgen. Sie nehmen dich mit. Im Krankenhaus wirst du erst mal durchgecheckt. Mittlerweile sind alle Symptome verschwunden, die Ärzte finden nichts. Wie gewohnt machst du weiter, bis dich die Panik wieder wie aus dem Nichts überrollt, immer wieder und immer stärker und in allen Lebenslagen.

Du vermeidest es, dich mit Freunden an öffentlichen Orten zu treffen, meidest große Menschenmengen und Zugfahrten, verbarrikadierst dich zu Hause. Du rennst von Arzt zu Arzt, hoffst, dass sie etwas finden und erklären können, was dir fehlt. Sie checken dich erneut durch, körperlich scheint alles in Ordnung zu sein. Dir wird alles zu viel, du lässt dich krankschreiben.

Bis eine genaue Diagnose gestellt wird, vergehen Monate. Das treibt dich tiefer in die Hoffnungslosigkeit. Du nimmst Hilfe von Ärzten an, machst Therapien und schluckst Angstblocker. Doch du fühlst dich nach wie vor nicht frei, bist im Schmerz gefangen, den dir dein Körper durch stärker werdende Symptome spiegelt. Zuerst weißt du nicht, dass der große innere Stress für deine physischen Beschwerden zuständig ist. Du glaubst, du bist krank, kaputt, wirst bald sterben.

Über Monate hinweg entsteht ein inneres Chaos, bis die Symptome nicht mehr verschwinden und die Panik mit all ihren Folgen alltäglich wird. Nun plagen dich Rückenschmerzen, weil du durch den Stress verkrampft bist, du entwickelst chronische Beschwerden wie Magenschleimhautentzündung, Migräne. Alles ist Kampf gegen den Druck, die Grundangst davor manifestiert sich, dass die Panik jederzeit wiederkommen könnte. In der Therapie erklärt man dir zum ersten Mal, was eine Panikattacke ist. Du bekommst Informationen, die dich nicht weiterbringen. Du fängst an, dich selbst zu informieren, liest nach, stöberst im Internet und erfährst, dass du nicht allein bist. Vielen Menschen geht es wie dir, auch wenn Symptome und Verläufe unterschiedlich sind. Dann findest du eine Antwort, die dir zum ersten Mal Freiheit vermittelt. Du spürst tief in dir drin, dass du nicht du selbst warst. All die Jahre hast du nicht gelebt, nur funktioniert. Du hast vergessen, wer du bist. Zum ersten Mal hast du das Gefühl, einen Bezug zu deinem Leiden zu haben. Du eignest dir weiterhin Wissen an, über Bücher, du vertraust dich anderen an, ihr tauscht euch aus. Eines Morgens wachst du auf, du trinkst deinen Kaffee, und wie aus dem Nichts überkommt dich – das Gefühl der Freiheit. Du spürst tief in dir drin, dass du deine Angst kennenlernen willst, statt sie zu unterdrücken. Du rufst eine alte Freundin an, ihr geht aus. Anfangs bemerkst du Paniksymptome, aber du hast deine Entscheidung getroffen: Du lernst all deine Empfindung kennen, jeden Schmerz fühlst du bewusst, du läufst nicht mehr davon. Dann lässt der Druck nach, bis er verpufft.

An diesem Abend verändert sich alles. Du erkennst, dass du nicht deine Angst, sondern ihr Schöpfer bist. Deshalb kannst du ihr ihre Macht nehmen. Du wehrst dich, schließlich wolltest du nie so empfinden. Du leistest Widerstand, aber erst, als du annimmst, was dich quält, erlischt die lodernde Flamme deiner Schmerzen.

Voller Begeisterung denkst du: „Geschafft!", alles sei in Ordnung. Doch du stehst erst am Anfang deiner Reise. Dir wird immer klarer, dass du dich allem stellen willst. Du hörst zu, fühlst in dich hinein, und die enge Beziehung, die zu deinem Selbst entsteht, zeigt dir, dass es deine Seele ist, die mit dir in Kontakt treten will.

Jede schmerzhafte Erfahrung, jedes Leiden entsprang der Disharmonie mit deinem wahren Selbst. Deshalb vertraust du mehr auf deine Intuition und bringst deine Seele zum Ausdruck. Alle Beschwerden sind Geschichte, und deine Geschichte teilst du mit all den Menschen da draußen.

„ES GAB EINE ZEIT, IN DER ICH BLIND WAR UND BEFREMDLICHES NICHT VERSTAND. VERSPRÜHE DENNOCH DEINE WAHRHEIT UND DEINE LIEBE. REICHE IHNEN DAMIT DIE HAND.“

Kapitel
29

VERSPRÜHE DEINE WAHRHEIT

Ich hätte dich damals zwar nicht belächelt, aber mit Sicherheit doof angeguckt, wenn du zu mir gesagt hättest, dass ich für meinen Schmerz selbst verantwortlich bin.
„Schmerz und Leid ist immer eine Entscheidung, ich kann zwar mein Umfeld nicht beeinflussen, aber entscheiden, wie ich ihm begegnen möchte. Und ich weiß, dass meine emotionale Instabilität Situationen nicht nur begünstigt, sondern auch erschafft."
Wenn du zu mir gesagt hättest, dass alles eins und miteinander verwoben ist, dass wir alle ein Netz spinnen, in dem wir dann kleben bleiben oder uns verhärten und an Erfahrungen reifen.
„Alles basiert auf Energie und jedes einzelne Individuum ist Schöpfer in seiner Welt, der Geist ist in der Lage, zu lenken und formt bewusstem oder

unbewusst die Materie, die nichts anderes als die Manifestation von Energie ist. Das kollektive Bewusstsein ist die Blase, in der sich die Energie aller sammelt und die Welt als die formt, die sie heute ist."

Wenn du gesagt hättest, dass alles nur Fake ist und mein Ego die Wahrnehmung verzerrt. Sich davon zu lösen, heißt, sich nicht länger über den Verstand zu definieren.
„Das Ego ist deine Rolle, es verkörpert deine Persönlichkeit. Sich damit nicht länger zu identifizieren bedeutet nicht, dass es sich in Luft auflöst. Es bedeutet, zu erkennen, dass, durch den Filter meiner Wahrnehmung betrachtet, alles relativ ist. Ich kann entscheiden, welche Rolle ich im Spiel des Lebens einnehmen möchte."
Wenn du mir gesagt hättest, dass ich mein Leben selbst ausrichten kann, gegen alle Regeln.
„Ich kann jederzeit gehen und das tun, was sich für mich stimmig anfühlt, ich bin frei und nur mein Glaube daran, etwas verkörpern zu müssen, begrenzt mich in meiner Entfaltung."
Wenn du gesagt hättest, dass ich entweder das Licht oder die Dunkelheit in mir wählen kann.
„Emotionen sind gespeicherte Gefühle in unserem System, die unsere Gefühlswelt anhand der Kommunikation mit uns selbst beeinflussen. Das

richtige Mindset ist entscheidend. Du bist sein Schöpfer.
Wenn du mir gesagt hättest, dass ich wunderschön bin und keine äußere Bestätigung brauche.
„Jedes Wesen hat den gleichen natürlichen Wert, unabhängig davon, wie andere es bewerten. Sich dessen bewusst zu sein, löst die Vorstellung, Bestätigung zu brauchen, man nimmt sich in Gänze an."
Wenn du gesagt hättest, dass meine Seele den Weg kennt und ich die Reise in mein Innerstes antreten darf, um meiner Bestimmung zu folgen.
„Widme dich deiner inneren Stimme, deinem Bauchgefühl, es wird dir den Weg weisen, der Verstand ist nur allzu trügerisch."

Als ich damals meine Reise begann, war ich genauso unbewusst, genauso verletzlich, genauso mit meinem Ego identifiziert. Ich hörte nicht auf mein Bauchgefühl, war das Opfer meiner Umstände, war hilflos allem ausgeliefert, bis ich die bewusste Rolle des Schöpfers einnahm. Das bedeutet nicht, dass ich am Gipfel der Erleuchtung angekommen bin! Auch heute noch schwanke ich zwischen den Dimensionen. Ein Rat: Hüte dich vor denen, die behaupten, ganz oben zu stehen!

Es ist so wichtig, seine neue Freiheit, das innere Licht, zu teilen und in die Welt zu tragen, auch wenn man belächelt oder nicht verstanden wird. Auch wenn du glaubst, dass du keine Wirkung erzielst, im Unterbewussten deines Gegenübers bleibt immer etwas haften. Ohne Impulse hätte ich meinen Weg nie eingeschlagen. Ich wäre noch immer ein frustrierter Mensch, der sich selbst bemitleidet.

Wisch die Selbstzweifel fort, steh zu deiner Wahrheit, sei frei in deinem Wirken – so es aus Liebe geschieht. Mit dem Hammer der Wahrheit auf andere einzuschlagen, bewirkt gar nichts.

Selbst wenn wir uns bewusst sind, dass jede Erfahrung, die ein Mensch macht, wichtig oder sogar essenziell ist, darf man dazwischenfunken. Spirituelle Vorstellungen besagen, dass eine Seele inkarniert, um bestimmte Erfahrungen zu machen. Wenn alles, was einem Menschen in seinem Leben widerfahren ist, auf der Entscheidung seiner Seele beruht, löst sich das Bedürfnis, gegenüber seinen Erfahrungen widerständig zu sein.

Man erkennt, dass alles zum Entfaltungsprozess dazugehört und dienlich für den eigenen Weg zu sich selbst ist. Das bedeutet aber nicht, dass der führende Geist als Wegweiser keine Impulse liefern darf. Nein, wir beschleunigten das kollektive Erwachen, reichten wir uns alle die Hände, anstatt emotionslos als Zuschauer zu fungieren. Lebe deine Wahrheit. Trage sie in die Welt. Alles andere ergibt sich dann von selbst.

„DIE WELT, SO WIE SIE HEUTE IST, BIRGT UNGLAUBLICHES POTENZIAL. MENSCHEN AUF DER GANZEN WELT FANGEN AN, ZU HINTERFRAGEN UND ERWACHEN."

Kapitel
30

DIE ZEIT DES ERWACHENS

Diese Zeit bringt unser Innerstes unverblümt zum Vorschein. Alles, was sich im Außen zeigt, jegliche Empfindungen deinerseits, sind nichts Neues.

Sie sind lediglich deine schlafenden Riesen, die nun durch äußeren Druck erwachen und in dir lärmen.

Die Riesen hausen in dir und das seit geraumer Zeit. Du hast ihnen bisher nur keine Aufmerksamkeit geschenkt. Sie gingen unter im Alltagstrubel, und du hattest weder das Bedürfnis noch das Bewusstsein, zu erkennen, was in dir schlummert.

Nun zwickt und drückt es an allen Ecken der Welt, etwas breitet sich aus, was in uns allen vergraben ist. Alles, was sich manifestiert hat, formt die äußeren Zustände. Dies bezeichnet man kollektives Bewusstsein. Das Wirken jedes Individuums sammelt sich als Energie in einer kollektiven Blase – und die ist kurz davor, zu platzen.

Du musst verstehen, dass Angst, Wut und Negativität nicht auf deine Situation zurückzuführen sind, auch wenn du ihr offensichtlich die Schuld gibst.
Es sind die emotionalen Schlachten, die du bereits geschlagen hast, und alte Gefühle, die du in dir vergraben hast.
Viele sprechen von der Zeit des kollektiven Erwachens: „Steht auf und leistet Widerstand gegen das System und die äußeren Umstände!"
Dabei wird jedoch ein Aspekt nicht beachtet – und der ist wichtig. Leisten wir Widerstand, führen wir einen Krieg gegen uns selbst. Wir lehnen uns auf und lehnen uns selbst dadurch ab.
Unsere Selbstverantwortung sagt nicht, dass wir in den Krieg ziehen sollen, sondern dass emotionale Anhaftungen aus bereits geschlagenen Schlachten heilen sollen. Sich der emotionalen Identifikation bewusst zu sein, ist der Prozess des spirituellen „Erwachens" – die schlafenden Riesen werden sichtbar.
Infolgedessen verfolgt man als Beobachter die Show des Lebens, verweilt emotional bei sich, ist verwurzelt und begegnet liebevoll dem, was als Gegenwind und Negativität daherkommt. Dies bedeutet nicht, dass man dann die Augen vor allem verschließt und alles einfach akzeptiert,

auch wenn viele diesen Bewusstseinszustand so bewerten.
Es bedeutet vielmehr, sich seiner Schöpferkraft bewusst zu sein und Entscheidungen zu treffen, aus denen transformierende statt nährende Handlungen entstehen.
Denkt ihr wirklich, die Elite sei so doof und weiß nicht um die effektivste Kriegswaffe aller Zeiten? Sie manipuliert und nutzt alle Mittel, um euch zu spalten. Vor allem die, die sich über uns stellen und behaupten, wir seien nur Schlafschafe. Sie gehören ebenfalls zur Zielgruppe, ohne dass sie in ihrem Kampf um Gerechtigkeit davon etwas merken.
Erst wenn wir lernen, die Symbiose des Lebens anzuerkennen und anzunehmen, können wir erwachen.
Sonst verlagern wir nur den Schmerz und nähren unser Opferbewusstsein. Aus Schlafschafen werden emotional ferngesteuerte Triebtäter, die das, was sie verachten, unbewusst nähren und so die elitären Machenschaften begünstigen.
Wir sollten nicht verbittert und frustriert der Außenwelt die Schuld in die Schuhe schieben. Es liegt an uns, keinen Widerstand zu leisten. Denn wenn wir Widerstand spüren, lehnen wir uns selbst ab und leben gegen unsere Natur.

Wir leben in einer dualen Welt, jedoch können wir entscheiden, wie wir bewerten. Wie kann ein kollektives Erwachen stattfinden, wenn wir die Welt als schlecht und böse bewerten? Dann säen wir unbewusst in uns den Samen von Hass und Leid anstatt von Liebe und Annehmen.

JA, DIE „BÖSE" WELT.

Jeden Tag wird man in Medien und Internet mit Infos über die ach so böse Welt bombardiert. Ich teile eure Meinung und bin gegen Gewalt, Hass und Hetze. Ich trete für die Liebe in ihrer reinsten Form ein.

Das Außen ist die Reproduktion des Inneren eines jeden Individuums. Wir gemeinsam tragen die Verantwortung für alles, was in dieser Welt vonstatten geht. Wir sind verantwortlich, denn wenn wir von einer besseren Welt nur reden und träumen, tragen wir dazu bei, weil wir keinen Gegenpol schaffen. Nichtstun wirkt eben auch. Genauso wirkt es, wenn ich unbewusst durch die Welt gehe, nichts hinterfrage und unwissentlich dazu beitrage, dass alte Muster durch mich weiterleben. Ich halte die Maschinerie am Laufen.

WAS KANN ICH TUN?

Wenn das Außen nur der Spiegel dessen ist, was wir in uns tragen, bringt es nichts, auf Biegen und Brechen zu versuchen, im Außen zu wirken. Erst wenn meine Überzeugungen im Einklang sind und ich bei mir angekommen bin, kann ich ein Umfeld schaffen, dass in jeden Menschen die Saat der Reinheit streut, damit sie sich schnell verbreitet, wie es ihre Natur ist.
Jede Handlung, jeder Gedanke, jedes Gefühl, das ich in diese Welt trage, formt sie und ist bedeutsam. Egal wie klein dir ihre Wirkung erscheinen mag, sie bringen alles in Bewegung und lösen wie ein Dominostein eine Kettenreaktion aus.

SCHAU IN DEN SPIEGEL!

Da die Verantwortung bei jedem Einzelnen liegt, dürfen wir uns selbst kennenlernen. Ich darf erwachen und mein wahres Selbst erkennen. Dies ist der einzige Weg für wahrhaftige Veränderungen, Veränderungen, die sich der Mensch so wünscht. Veränderung entsteht immer von innen nach außen, niemals anders rum.

Wir können noch so viele Kriege führen, anderen den Tod wünschen, mit dem Finger auf die Bösen zeigen: Hat die Realität uns noch nicht gelehrt, dass dies nicht den gewünschten Effekt erzielt?
Erkenne dich selbst, bringe deine Seele zum Ausdruck, löse dich von deiner Identifikation. Dann trägst du im Positiven dazu bei, die Welt zu einem besseren Ort zu machen. Viel besser, als es mit zwanghaftem Bekämpfen möglich ist.
Ich lehne mich zurück und genieße die Reise. Jeder ist herzlich eingeladen.

SCHLUSSWORT

Da du es bis hierhin geschafft hast, beglückwünsche ich dich. Es ist wohl einer der schwersten Schritte im Leben, sich der inneren Welt zu stellen und nach Veränderung zu streben. Aber er ist wichtig.

Gib dich nicht länger dem Selbstmitleid hin und übernimm Verantwortung für deine äußere und innere Welt.

Dass du dieses Buch gelesen hast, zeugt von deiner Bereitschaft, Verantwortung zu übernehmen. Das ist eine unglaubliche Leistung! Viele Menschen gelangen in ihrem Leben nicht an diesen Punkt und verlassen diese Welt verbittert.

Sei dir bewusst, dass das Leben ein Prozess ist und es niemals darum geht, Perfektion anzustreben. Man muss sich nicht mit allen Infos zuballern.

Es geht darum, den führenden Geist zu schulen und tief in seine persönliche Entwicklung einzutauchen, darum, sich Tag für Tag inneren Prozessen zu stellen, was nicht immer leicht ist.

Doch genau dafür sind wir hier: Im Spiel des Lebens das „beste" Selbst zu erschaffen.
Ich wünsche dir von Herzen den Mut, den Durst nach Transformation. Eines Tages wird der innere Frieden an deine Tür klopfen.

Achte dich selbst, und das Leben wird dich achten.

In größter Demut und Liebe,
Oliver

HAT DIR DAS BUCH GEFALLEN?

Ich freue mich sehr, dass du mein Buch bis zu dieser Stelle gelesen hast. Wenn es dir gefallen hat, würde ich mich sehr freuen, wenn du ihm bei dem Online-Shop eine Bewertung gibst, bei dem du bestellt hast. Oder du schreibst bei einem deiner Lieblings-Buchportale eine Rezension.
Ich freue mich nicht nur sehr darüber, Meinungen zu meinem Buch zu lesen, es hilft mir auch dabei, weitere Werke zu schreiben und neue Leser für meine Bücher zu finden.

Vielen Dank für deine Unterstützung!

KAMPENWAND
VERLAG

Siddhartha

Hermann Hesse

Der Roman spielt im 6. Jahrhundert vor Christus in Indien und handelt von einem jungen Brahmanen namens Siddhartha und seinem Freund Govinda. Von seinem Vater und anderen Priestern lernt dieser über die Veden, deren philosophische Gedanken, religiöse Gebote und Anleitungen zu Gebeten und Ritualen. Weil er sieht, wie diese trotz heiliger Waschungen und Gebete zur Reinigung von den Sünden nicht aus dem Samsara entkommen, widmet er sein Leben der Suche nach dem Atman, dem All-einen, das in jedem Menschen ist.

Softcover, € 12,85

ISBN 978-3961112432

Mehr unter: www.kampenwand-verlag.de

AESCULUS VERLAG
DAS GROSSE BUCH VOM
OXYMEL
MEDIZIN AUS HONIG UND ESSIG
GABRIELA NEDOMA

Die Rauhnächte

Annett Hering

Die Rauhnächte, die zwölf heiligen Tage zwischen Weihnachten und dem Dreikönigstag am 6. Januar, sind eine heilige Zeit. Es sind Tage des Innehaltens. Tage um Altes abzuschließen und den Weg für Neues zu bereiten. Seit alters her wird in dieser Zeit, begleitet von uralten Bräuchen und bereinigenden Räucherritualen, Rückschau gehalten und in die Zukunft geschaut.

Hardcover, € 18,80
ISBN 978-3966985468

Mehr unter: www.kampenwand-verlag.de